FotoLeitura
O Sistema Whole Mind

Dados Internacionais de Catalogação na Publicação (CIP)
(Câmara Brasileira do Livro, SP, Brasil)

Scheele, Paul R.
 FotoLeitura: o Sistema Whole Mind / Paul R. Scheele; [tradução de George Schlesinger]. 3. ed. – São Paulo: Summus, 1995.

 Título original: The PhotoReading Whole Mind System.
 Bibliografia.
 ISBN: 978-85-323-0545-9

 1. Leitura 2. Leitura – Compreensão 3. Leitura – Desenvolvimento 4. Leitura – Métodos I. Título.

95-4223   CDD-418.4

Índices para catálogo sistemático:

1. Leitura eficaz   418.4
2. Sistema "Whole Mind" de Fotoleitura   418.4

Compre em lugar de fotocopiar.
Cada real que você dá por um livro recompensa seus autores
e os convida a produzir mais sobre o tema;
incentiva seus editores a encomendar, traduzir e publicar
outras obras sobre o assunto;
e paga aos livreiros por estocar e levar até você livros
para a sua informação e o seu entretenimento.
Cada real que você dá pela fotocópia não autorizada de um livro
financia o crime
e ajuda a matar a produção intelectual de seu país.

FotoLeitura
O Sistema Whole Mind

Paul R. Scheele

Do original em língua inglesa
THE PHOTOREADING WHOLE MIND SYSTEM
Copyright © 1993 by Learning Strategies Corporation,
Minneapolis, Minnesota, USA
Direitos desta tradução adquiridos por Summus Editorial

Tradução: **George Schlesinger**
Revisão técnica: **Huáras Duarte**
Capa: **Adaptação, por Carlo Zuffellato/Paulo Humberto Almeida, da
capa original de Martin Ross Design, com ilustração de Jill Walz**

A mente total (*"whole mind"*) está representada na capa. O lado
esquerdo do cérebro, o lado analítico, é retratado pelo diagrama
francês do século XIX, mostrando os planetas girando em torno do
Sol e pelos olhos de Albert Einstein. O lado direito do cérebro, o
lado criativo, é expresso pelo olho do "Davi" de Michelangelo. Os
olhos de Einstein sugerem um desejo de olhar para cima, de buscar
cada vez mais. O texto impresso flutuando no espaço reflete as novas
estratégias de aprendizagem do sistema *"whole mind"* de FotoLeitura.

Summus Editorial

Departamento editorial:
Rua Itapicuru, 613 – 7º andar
05006-000 – São Paulo – SP
Fone: (11) 3872-3322
Fax: (11) 3872-7476
http://www.summus.com.br
e-mail: summus@summus.com.br

Atendimento ao consumidor:
Summus Editorial
Fone: (11) 3865-9890

Vendas por atacado:
Fone: (11) 3873-8638
Fax: (11) 3873-7085
e-mail: vendas@summus.com.br

Impresso no Brasil

NOTA DO EDITOR

O nome original do sistema idealizado por Paul Scheele é **PhotoReading® Whole Mind System.**
Cabe notar o registro ® no termo **PhotoReading.** Na realidade, o método foi registrado internacionalmente sob essa denominação, tornando-se uma marca comercial.
Na edição brasileira, o termo foi traduzido como **FotoLeitura,** para facilitar e agilizar a compreensão dos conceitos.

Como ler este livro

Este livro é planejado, de maneira especial, para que você possa lê-lo no tempo que tiver disponível no momento.

25 Minutos (Nível 1) — Você poderá captar a essência do livro em apenas 25 minutos. Primeiro, percorra as páginas do livro inteiro e leia o índice, títulos e subtítulos dos capítulos. Percorra as páginas uma segunda vez, localizando os desenhos de Einstein andando de bicicleta. Leia o parágrafo ao lado de cada desenho destes. Se tiver mais tempo, prossiga para o Nível 2.

30 Minutos Adicionais (Nível 2) — Você poderá absorver os conceitos essenciais do livro, o suficiente para discuti-los, em apenas 30 minutos mais. Passe novamente pelas páginas do livro. Desta vez procure apenas desenhos de Einstein correndo. Leia o parágrafo ao lado de cada desenho destes.

45-90 Minutos Adicionais (Nível 3) — Você poderá compreender plenamente o sistema aqui explicado, gastando, no máximo, mais 90 minutos. Percorra mais uma vez as páginas do livro. Agora procure os desenhos de Einstein com uma lâmpada sobre a cabeça. Leia o parágrafo ao lado de cada desenho. Ao procurar os desenhos, lembre-se do que você leu antes, revendo títulos e subtítulos.

Quando os desenhos estiverem interligados por traços verticais, leia todos os parágrafos. Ocasionalmente, poderá haver uma nota sob o desenho, dizendo: "Leia as bolinhas"; isto significa que você deve ler o texto seguinte que começar com uma bolinha (•).

Na primeira vez que estiver percorrendo o livro, resista à tentação de ler todos os parágrafos ao lado de todos os desenhos. A compreensão será maior se você percorrer o livro mais de uma vez.

Talvez, da primeira vez, você queira ler o livro palavra por palavra. Tudo bem! Você poderá escolher diferentes níveis para as leituras subseqüentes, de modo a aproveitar mais o seu investimento. Divirta-se!

Sumário

Como ler este livro • Prefácio • Agradecimentos

Primeira Parte:
Aumente suas escolhas

1. As origens da FotoLeitura 17
2. Velhos hábitos de leitura ou novas opções de leitura .. 25

Segunda Parte:
Aprenda o sistema "whole mind" de FotoLeitura

3. Preparar 41
4. Prever 49
5. FotoLeitura 55
6. Ativar 69
7. Leitura rápida 83

Terceira Parte:
Desenvolva e integre suas habilidades

8. Dicas para tornar a FotoLeitura parte do seu cotidiano 93
9. Compartilhar informações por meio de ativação grupal 101
10. Enriqueça sua experiência de FotoLeitura 107
11. Use a leitura "sintópica" como forma permanente de
    exploração 117
12. Perguntas e respostas para o FotoLeitor iniciante 125
13. O segredo do sistema *"whole mind"* de FotoLeitura. 139

Guia rápido de referência

Bibliografia

Sobre o autor

Prefácio

Bem-vindo ao mais inovador programa de leitura existente na atualidade. FotoLeitura é bem mais do que mera leitura rápida. É uma experiência educacional, que estimula os amplos recursos da sua mente. Ela explora e expande o seu próprio potencial.

Vivemos numa época em que a escassez de tempo desafia o excesso de informação. Para que possamos ser bem-sucedidos, precisamos de habilidades novas para processar a informação e aprender com ela. A FotoLeitura lida com o maior dispositivo de processamento de informação conhecido pela humanidade: a mente humana.

Neste livro você aprenderá técnicas para usar os poderes da sua mente total — *"whole mind"**. A FotoLeitura não somente ensinará você a ler mais depressa, mas a *aprender*, numa velocidade muito maior do que antes.

Ao aprender FotoLeitura, você experienciará o que parece impossível. Você irá "fotografar mentalmente" a página escrita, diretamente para a sua mente-não-consciente. A FotoLeitura ultrapassa as capacidades limitadas da mente consciente e ajuda você a encontrar o seu gênio pessoal.

Na **Primeira Parte**, você terá uma visão geral do sistema *"whole mind"* de FotoLeitura e as novas escolhas à sua disposição como leitor.

---

* O termo *"whole mind"* significa, literalmente, *mente total, mente integral,* ou, de forma mais livre, *totalidade da mente*. Quando a expressão tem, no texto, um caráter expositivo, explicativo, ela foi traduzida da maneira mais adequada possível. O autor, porém, utiliza-a como adjetivo ao dar nome ao seu sistema: PhotoReading Whole Mind System. O termo possui, nesta situação, uma sonoridade impossível de conseguir em português. Daí nossa opção, por manter o termo original inglês, entre aspas, especificamente quando se fala do método: Sistema "Whole Mind" de FotoLeitura. (N.T.)

A **Segunda Parte** orienta você, passo a passo, a aprender o sistema *"whole mind"* de FotoLeitura.

A **Terceira Parte** ajuda você a integrar o seu novo conhecimento e suas novas habilidades, de modo a poder utilizá-las na vida cotidiana.

FotoLeitura é uma vitória contra a sobrecarga de informação, confirmada por milhares de participantes dos cursos de FotoLeitura, pelo mundo afora. Agora, os detalhes deste sistema são explicados num formato fácil de ler.

Agradecimentos

A FotoLeitura evoluiu drasticamente nos últimos anos. Quero deixar registrado meu reconhecimento às pessoas que influenciaram essa evolução. Os primeiros em minha lista são meus sócios comerciais, Pete Bissonette e Bill Erickson, que ajudaram a colocar a Learning Strategies Corporation numa posição em que este notável sistema de desempenho humano pudesse florescer.

Patricia Danielson, presidente do Accelerated Learning Institute of New England, se inscreveu pela primeira vez no curso de FotoLeitura nos idos de 1986. Em pouco tempo recebeu nosso primeiro certificado de instrutor de FotoLeitura fora do estado de Minnesota, e, desde então, ela própria tem dirigido cursos. Patricia trabalhou junto comigo no sentido de desenvolver a FotoLeitura. Suas contribuições para a divulgação da FotoLeitura pelo mundo são inúmeras, e agradeço sinceramente. Quero reconhecer, especialmente, a integração feita por ela da leitura sintópica com o sistema *"whole mind"* de FotoLeitura, e seus esforços para assegurar eficiência nas aulas.

Agradecimentos *especiais* aos muitos associados talentosos e perspicazes que contribuíram para a FotoLeitura, incluindo Peter Kline, James B. Erickson, Lynette Ayres, Jean-Damien Valance e Eric Siegrist, Jerry Wellik, Dale Shusterman e Charlotte Ward.

Instrutores de FotoLeitura com certificado constituem uma casta especial de educadores. Eles influenciam a FotoLeitura explorando novas dimensões em sala de aula. Obrigado a todos.

Patrocinadores, equipe de apoio e associados de marketing também são dignos de reconhecimento. Sem eles, este incrível programa de aprendizagem estaria nas prateleiras, acumulando pó.

Doug Toft trabalhou comigo para sintetizar anos de escrita sobre FotoLeitura, nos primeiros manuscritos deste livro. Graças às instruções iniciais de Doug, qualquer pessoa pode ler este livro em duas noites.

Finalmente, agradeço a você, leitor, por reconhecer que tem a capacidade de conseguir quase tudo que deseja. Pessoas como você tornam avanços como a FotoLeitura uma realidade.

Paul R. Scheele

Primeira Parte:

Aumente suas escolhas

1

As origens da FotoLeitura

FotoLer 25.000 palavras por minuto significa que você poderia "fotografar mentalmente" este livro em menos de três minutos. Embora isto possa parecer uma idéia nova e radical, o conceito existe há centenas de anos, muito antes de eu cunhar o termo FotoLeitura. É possível encontrar evidências da viabilidade desse processo mental, que tem sido usado nas mais diversas situações, desde o treinamento militar e artes marciais até as antigas tradições religiosas.

O desafio não é concluir se a FotoLeitura é possível. O desafio é como ensinar FotoLeitura eficientemente, para qualquer pessoa que queira aprender. Como podemos transferir esta habilidade natural para aplicações diárias, como relatórios, revistas, jornais, livros ou qualquer outra coisa que se deseje ler?

Meu *background* em programação neurolingüística e aprendizagem acelerada permitiu-me enfrentar esse desafio. Agora, FotoLeitura é ensinada mundo afora, e é o momento certo de compartilhar a FotoLeitura com você. A estória a seguir conta como tudo aconteceu.

Quando criança, a minha paixão por aprender manifestava-se em toda parte, menos na sala de aula. Aprendi mecânica desmontando bicicletas; eletrônica, consertando rádios; liderança, nos jogos infantis; e música, na minha banda de *rock*. Mesmo agora, ainda exploro meu mundo com uma capacidade infantil de me maravilhar, e a educação tradicional ainda me parece incompatível com a verdadeira aprendizagem.

Na escola, experiências humilhantes com leitura tornaram meu aprendizado com livros um exercício lento e confuso — a ser evitado ao máximo. Nas raras ocasiões em que realmente li, por prazer pessoal, sempre curti, muitas vezes para minha própria surpresa. Ainda assim, ler continuava sendo algo tão trabalhoso que, raramente, eu me dedicava à leitura.

Sete anos após me graduar na área científica, pela Universidade de Minnesota, fiz um teste de rapidez de leitura. Minha marca foi de 170 palavras por minuto, com 70% de compreensão. Fiquei embaraçado quando percebi que, após mais de dezesseis anos em escolas públicas, eu ainda estava abaixo da média na habilidade de ler; por isso tornara-me perito em deixar as leituras de lado.

Eu pensava que, para ler adequadamente, devia começar na primeira palavra do texto e percorrer lentamente o árduo caminho até o fim. Que eu devia me concentrar em enxergar todas as palavras corretamente, captando seu sentido à medida em que avançava, e recordando-me do seu significado. Acreditava também que o critério básico para medir a minha eficiência na leitura era memorização total e análise crítica do significado.

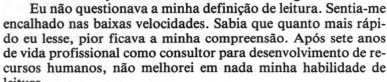
Eu não questionava a minha definição de leitura. Sentia-me encalhado nas baixas velocidades. Sabia que quanto mais rápido eu lesse, pior ficava a minha compreensão. Após sete anos de vida profissional como consultor para desenvolvimento de recursos humanos, não melhorei em nada minha habilidade de leitura.

Em 1984, a solução lógica foi inscrever-me num curso de leitura dinâmica. Após cinco semanas de treinamento minhas marcas eram de 5.000 palavras por minuto, com 70% de compreensão.

Durante uma das aulas, uma jovem senhora sentada perto de mim lamentava estar encalhada na marca de 1.300 palavras por minuto há dez semanas de aula. Sugeri-lhe: "Imagine o que seria romper a barreira das velocidades mais altas agora". No livro seguinte, sua velocidade de leitura atingiu mais de 6.000 palavras por minuto, com os índices de compreensão mais altos que tivera até então.

Por mais grandioso que isso possa parecer, a leitura dinâmica não me entusiasmava. Forçar meu globo ocular página abaixo logo se tornou um trabalho insano. Três meses após deixar o curso, eu raramente usava as técnicas, mas permanecia intrigado com o potencial da mente humana para processar palavras escritas.

Comecei percebendo o meu problema — eu me sentia preso entre dois sistemas de crenças divergentes. Uma delas provinha do modelo de leitura da educação elementar. Outra, oposta, provinha do conhecimento do fato de que a mente humana pode atingir resultados muito mais significativos. O mesmo sentimento de confusão e de estar preso tomou conta de mim, uma vez, no meu curso de pilotagem.

Recordo-me de quando o instrutor me levou a 8.000 pés e me disse para voar na velocidade mínima, como se fosse uma aterrizagem. Assim, reduzi a velocidade do motor e puxei o manche de controle para manter altitude.

Em pouco tempo, o nariz do avião estava apontando quase reto para cima. O ar sob as asas não criava mais sustentação suficiente para manter o avião voando. Não podendo voar, ele começou a cair como uma pedra, mergulhando na direção do chão.

Aterrorizado, comecei imediatamente a puxar o manche para trás, tentando desesperadamente levantar o nariz e fazer o avião voar. Isto piorou as coisas ainda mais. O instrutor parecia ter prazer com o meu pânico.

Por que não estava funcionando? Por que o avião não voava? Mergulhando rumo ao chão em velocidade cada vez maior, meu instrutor calmamente disse: "Empurre para a frente".

Eu sabia que ele não tinha idéia de como resolver nosso problema. Enquanto eu tentava erguer o avião pelo manche de controle, ele me dizia para mergulhar ainda mais rumo ao chão? Obviamente, ele tinha perdido o juízo.

O avião entrou em parafuso, e a terra virou um borrão que girava, aproximando-se de nós. Cada parte de mim resistia ao comando do instrutor, à medida que ele insistia com mais firmeza: "Empurre para dentro do rodamoinho!".

Finalmente, o instrutor fez com que eu soltasse as mãos agarradas ao manche. Empurrou-o para frente, imediatamente acertando as asas e a suspensão da cauda, provocando um fluxo de ar correto e gerando sustentação. Lentamente, ele puxou o manche para trás, à medida em que o avião começava novamente a voar, deixando-me com o coração na boca.

Qual é a relação entre esse fato e a leitura? Ao longo da minha vida, sempre li de maneira que a rapidez não ultrapassasse minha capacidade de compreensão das palavras na página. Toda vez que lia rápido demais para absorver, perdia o controle, e voltava atrás como reação de medo. Eu temia falhar como leitor, se não entendesse tudo. Minhas tentativas e estratégias para ler melhor e mais depressa só pioravam as coisas. Eu ficava preso, entrava em parafuso, e o ato de ler me dava a sensação de estar mergulhando com meu avião diretamente para o chão.

Alguma vez você já desejou que um instrutor viesse e tirasse você de um mergulho de nariz? Eu sim. Infelizmente, não percebia que uma capacidade maior e mais poderosa podia resolver o meu problema de leitura. Felizmente, milagres acontecem. Diversos fatos, nos anos seguintes, traçaram um novo rumo para mim.

No outono de 1984, entrei num curso de pós-graduação para estudar aprendizagem adulta e tecnologias de desenvolvimento humano. Eu queria saber como é que as pessoas aprendem com maior eficiência. Minha empresa, a Learning Strategies Corporation, já tinha mais de três anos de vida, com muitos clientes que, certamente, se beneficiariam com meus estudos. Eu também estava fortemente motivado a melhorar minha própria capacidade de aprender.

Entre os muitos cursos e seminários que freqüentei, ouvi falar de um instrutor de leitura dinâmica de uma escola em Phoenix, Arizona. Ele havia sugerido um experimento esquisito para uma de suas classes. Depois de folhear as páginas de cabeça-para-baixo e de trás-para-frente, para aprender padrões de fixação ocular, instruiu os alunos a fazerem um teste de compreensão do livro, só por curiosidade. Os índices de compreensão revelaram-se os mais altos que a classe já tinha conseguido. Seria por acaso? O pessoal da escola aventou a hipótese de que talvez os alunos estivessem transformando a página num estímulo, processado subliminarmente.

Mais ou menos na mesma época em que ouvi essa hipótese, em 1985, participei de um *workshop* com Peter Kline, um perito em aprendizagem acelerada. Quando lhe falei do meu interesse em pesquisar e romper barreiras na leitura, ele me fez um desafio. Um de seus clientes, a IDS/American Express, queria utilizar aprendizagem acelerada nos processos de leitura dinâmica. De repente, um emprego de consultor, minha tese de mestrado e minha paixão por aprendizagem me foram dados de presente num único pacote.

No outono de 1985, iniciei minha pesquisa de base no estudo de percepção subliminar e processamento pré-consciente. Evidências significativas sugeriam que os seres humanos possuem um processador mental pré-consciente, capaz de absorver informação visual sem envolver a mente consciente. Fiz experimentos usando os olhos e o processador pré-consciente de forma especial, com material escrito. Denominamos o conceito de "fotografar mentalmente" a página impressa de *PhotoReading* — FotoLeitura.

Dediquei-me por tempo integral a elaborar um curso baseado no modelo de aprendizagem acelerada, estratégias especializadas de leitura dinâmica, tecnologia de desenvolvimento humano de programação neurolingüística, e estudos de processamento pré-consciente. Em pouco tempo nascia o curso de *PhotoReading* — FotoLeitura.

Um dos meus experimentos incluía uma volta à escola de leitura dinâmica que eu freqüentara. Pedi ao professor diversos livros e testes. Depois de FotoLer um dos livros, a 68.000 palavras por minuto, demonstrei um grau de compreensão de 74%, usando o mesmo tipo de teste escrito que a escola usara alguns anos antes.

Bom demais para ser verdade? Talvez. Se você comparar com leitura comum ou leitura dinâmica, é bom demais. Mas *PhotoReading* não era nem uma coisa nem outra. Algo muito poderoso estava acontecendo, e a escola confirmou o resultado.

Em janeiro e fevereiro de 1986, ministrei os seis primeiros cursos experimentais — um para a IDS e cinco para clientes da minha empresa. Os participantes levantavam durante a aula para relatar muitas vantagens imediatas, inclusive redução de tensão, melhora surpreendente de memória, aptidão para ler mais fluentemente, notas máximas em testes escolares, resultados melhores para pessoal de vendas e advogados, e muito mais.

Inspirado pelo entusiasmo dos participantes, trabalhei no refinamento do plano curricular, das matérias de ensino e na abordagem de *marketing* com meus sócios na empresa. Em 16 de maio de 1986, o Departamento de Educação de Minnesota licenciou a Learning Strategies Corporation como escola vocacional particular, após examinar o currículo do curso e nossas práticas empresariais.

Desde aqueles primeiros tempos, instrutores de FotoLeitura me ajudaram a transformar nosso curso, de quatro dias, numa experiência de desenvolvimento humano capaz de transformações vitais. O curso é dado no mundo todo. O propósito deste programa intensivo é adquirir novas habilidades que aumentem a eficiência na leitura. No entanto, como a maioria dos alunos admite, o curso transforma muito mais do que apenas as habilidades de leitura.

O sistema *"whole mind"* de FotoLeitura leva você claramente a "entrar em parafuso" e descobrir o gênio natural que existe dentro de você. Isto significa que você voa suavemente pela informação, em vez de girar fora de controle. Este livro ajudará você a entrar em contato com o sistema por intermédio de instruções claras e graduais.

21

Uma prévia do que está por vir

Os cinco passos para o sistema *"whole mind"* de FotoLeitura incluem preparação, prever, FotoLeitura, ativar e leitura rápida.

O sistema aparece como uma seqüência de passos, embora seja, na verdade, um conjunto de opções que podem ser usadas em qualquer ordem, conforme as suas necessidades. Ele, na realidade, se baseia nos moldes de leitores altamente habilidosos.

O poder secreto do sistema não está nas técnicas, mas na mudança de perspectiva que as técnicas geram. Para utilizar o sistema e atingir suas metas, você precisa confrontar a compulsão e o hábito de aplicar muitas vezes estratégias ineficientes.

Nas páginas a seguir, você examinará as limitações que o amarram à sua capacidade atual. Você descobrirá meios de superar a capacidade limitada de processamento da mente consciente e contatar sua mente não-consciente, onde reside o seu gênio natural. Os comportamentos simples que você vai aprender poderão ser usados imediatamente.

> Ao longo do livro refiro-me à mente não-consciente. Emprego este termo alternadamente com os termos mente interior, mente paraconsciente e mente pré-consciente. Alguns autores talvez usem subconsciente ou inconsciente para descrever conceitos similares.

Neste momento, você pode no máximo imaginar como é bom poder usar mais seus talentos inatos. No decorrer de anos, ensinando FotoLeitura a milhares de alunos pelo mundo, presenciei muitas transformações pessoais e profissionais. Eis alguns exemplos:

- Uma aluna de colegial FotoLeu repetidamente o dicionário, melhorando drasticamente seus resultados de vocabulário nos exames.
- Um advogado usa FotoLeitura para localizar rapidamente fatos vitais nos enormes compêndios jurídicos. Agora, em vez de gastar meia hora numa visita corriqueira à biblioteca especializada, ele passa de três a cinco minutos.
- Um autor de textos técnicos FotoLeu o manual de sistemas de *software* de um cliente, antes do encontro inicial com os engenheiros de projeto. Ele pôde mostrar-se informado sobre o sistema, levando apenas 15 minutos para preparar-se para a reunião.
- Um técnico em serviço de computadores localiza informações-chave em manuais de referência, em questão de segundos.
- Um advogado levou três minutos para ler um tratado legal de 300 páginas, editado pelo Departamento de Transportes.

Imediatamente, reportou-se ao parágrafo do texto que incluía a informação necessária para ganhar a causa. O perito estatal que testemunhava no caso — incapaz de achar o parágrafo — viu o advogado realizar o feito e ficou atônito.

• Um especialista na área de esgotos, trabalhando para a E.I.Dupont, teve que ler um regulamento enorme, para preparar-se para uma reunião. Enquanto voava para o encontro, durante 35 minutos FotoLeu o documento. Durante a reunião, afirmou corretamente que o departamento governamental encarregado não mais aceitaria dados sobre tratamento de água que tivessem mais do que três anos — detalhe técnico enterrado no regulamento que havia acabado de FotoLer.

Esses poucos exemplos apenas começam a ilustrar os benefícios. Nossos clientes dizem também que a FotoLeitura ajuda-os a escrever relatórios, passar em exames críticos, ter desempenho excelente em cursos, graduar-se, acompanhar bem reuniões, conseguir promoções e ler mais do que o necessário, apenas por prazer.

As únicas exigências da FotoLeitura são: disposição para experimentar, usar novas idéias, relaxar e brincar. O gênio total dentro de você será libertado. Seja como uma criança — como você era antes da educação tomar conta de você: naturalmente curiosa, capaz de maravilhar-se, experienciar, descobrir. Aí todo um mundo novo de leitura fácil revelar-se-á.

Ler tornar-se-á uma nova fonte de poder pessoal e profissional. Ler informações, ler por prazer, estudar e explorar materiais escritos, tudo isso ocorrerá em novos níveis de eficiência. Os benefícios oferecidos pelo sistema *"whole mind"* de Foto-Leitura ajudarão você a criar uma nova qualidade de vida capaz de surpreendê-lo e deliciá-lo.

O próximo capítulo deixará você pronto para deslanchar.

Um estudante melhorou suas notas de matemática no colegial, passando de D para B num semestre. Diz ele que o fato de FotoLer os livros de matemática, provavelmente, lhe proporcionou meios para resolver melhor os problemas. Outro estudante FotoLeu uma diversidade de livros antes de defender uma tese. O professor escreveu na tese:"A+, Sua redação melhorou da noite para o dia. O que foi que você fez?!".

Vários músicos relatam as vantagens de FotoLer música. Eles acreditam que FotoLer partituras, um dia antes de tocá-las pela primeira vez, torna esta primeira vez muito mais fácil — como se já tivessem ensaiado antes.

Uma atriz decora melhor suas falas FotoLendo o texto primeiro. Ela diz também que isto a ajuda a entender melhor seus personagens.

Uma doutora em psicologia do México foi convidada a apresentar sua pesquisa, um relatório de vinte páginas, numa conferência na Califórnia. Como o relatório estava em espanhol, ela teria que traduzi-lo à medida em que fosse falando. Embora fosse bilíngüe, sempre achou difícil falar inglês a partir do texto em espanhol. Ela FotoLeu o dicionário espanhol-inglês várias vezes, antes da apresentação. Durante a palestra falou fluentemente sem qualquer confusão. Contou ter ficado relaxada e confortável o tempo todo.

2

Velhos hábitos de leitura ou novas opções de leitura

Por um momento, pinte um quadro mental vívido do tipo de materiais de leitura que você costuma encontrar. Entre as possibilidades estão:

- Revistas
- Jornais
- Informativos comerciais
- Cartas
- Memorandos
- Manuais
- Material de treinamento
- Relatórios
- Propostas
- Material de vendas
- Folhas de especificações
- Manuais de referência
- Livros de não-ficção
- Romances, poesia e contos

Responda depressa as seguintes perguntas, mentalmente:

- Com que eficiência você absorve o que lê?
- Com que eficiência você se recorda do que lê?
- Quais são seus pontos fortes como leitor?
- Qual é a coisa que você mais gostaria de mudar em seu modo de ler?

Imagine dois possíveis cenários para o seu futuro, baseados na sua forma de ler hoje.

Eis uma delas, os apuros de um leitor elementar:

Você entra no seu escritório segunda-feira de manhã, e é recebido por pilhas de material para ler: memorandos, relatórios, manuais, revistas especializadas, tudo acumulado sobre sua mesa. Esse monte de papéis parece castigo. Em vez de encarar a briga, você enfia tudo na gaveta. Escondido, esquecido... Mas você não consegue deixar de pensar que talvez tenha enterrado alguma idéia ou fato vital, algum elemento crítico, que poderia gerar uma promoção ou impedir um erro vergonhoso. À medida que você vai enfrentando suas batalhas diárias, reuniões e telefonemas, você diz a si mesmo que vai dar um jeito de ler tudo aquilo... amanhã.

A situação em casa é similar. Pilhas de jornais, revistas, cartas espalhadas pela casa. A perspectiva de colocar tudo em dia é, na melhor das hipóteses, remota. E a possibilidade de ler por prazer? Curtir as novelas, biografias, livros que você tem vontade de ler e que está guardando para um dia especial? Esse dia sempre é adiado, ficando para depois das crises, prazos de entrega e outros compromissos.

Às vezes, a resposta parece ser educar-se ou treinar-se melhor. Você fica animado pensando no seu progresso profissional e no aumento de renda que isto pode trazer. Uma pergunta interrompe os sonhos toda vez: Como posso ler tudo isso?

Mesmo que, por milagre, você conseguisse ler os montes de papéis não lidos na sua vida, ainda teria que encarar o desafio de lembrar, explicar e aplicar o que leu. Confrontado essa realidade, você adia a leitura mais uma vez, e vive num estado de confusão, caos e desespero silencioso.

Este cenário é familiar para você? Em plena era da informação você está enfrentando a vida utilizando a capacidade de leitura que aprendeu na escola primária?

Agora considere o segundo cenário, o prazer do FotoLeitor:

Você começa cada dia de trabalho com a informação necessária para tomar decisões adequadas no momento certo. As pilhas não lidas de correspondência, memorandos, relatórios, manuais e revistas especializadas desapareceram.

A leitura dos relatórios técnicos, tarefa que costumava consumir horas do seu tempo, agora não requer mais do que 15 mi-

nutos por documento. No final do dia, você olha para sua mesa limpa, sentindo-se pronto para o dia seguinte.

Esta mesma característica se estende para sua vida doméstica. Você deixou de viver atulhado. Sumiram as pilhas de livros, revistas, cartas e jornais espalhados pela casa. Você leva de 10 a 15 minutos para se pôr em dia com as últimas notícias. Agora você encontra tempo para as novelas, revistas e outras leituras que lhe dão prazer, sem ter que se preocupar, em casa, com as exigências do trabalho.

A sua avançada capacidade de leitura elimina velhos receios de voltar a estudar. Você faz curso de pós-graduação, cursos de treinamento para promoções, aprende novas habilidades, expande seu conhecimento e satisfaz sua curiosidade geral. Você dá uma olhada nos prospectos de um curso e sabe que pode manter-se adiante das exigências de leitura do mesmo, podendo ter um desempenho excelente. Muitas vezes você consegue completar a leitura de todo um semestre de um curso universitário na semana em que comprou os livros. Durante o semestre, os trabalhos que exigem leitura parecem uma revisão de algo que você já sabe. A leitura de meia dúzia de livros — base dos trabalhos — não leva mais do que uma ou duas horas.

Sempre que lê, você o faz com uma sensação de relaxamento e ausência de esforço. Sua redação e conversação são articuladas, fluentes e persuasivas. Você sente que é mais fácil ter suas propostas aprovadas porque elas estão calcadas em evidências sólidas. As pessoas comentam a amplitude da sua leitura e a profundidade dos seus conhecimentos sobre os assuntos.

Você termina seus compromissos de leitura e sobra tempo. Você pode absorver vários livros no tempo que antes levava para ler só um. Você pode extrair de revistas inteiras aquilo que quiser, no tempo que antes era necessário para ler um único artigo. Num simples sentar-se à mesa, você elimina pilhas de material "a ser lido". E, com o tempo adicional que você ganha, consegue realizar consistentemente suas tarefas prioritárias. E, nesse processo, você também ganha tempo livre para seu lazer.

Mantenha este cenário na cabeça por mais alguns segundos. Saboreie os sentimentos resultantes de domínio e prazer. Curta o tempo, dinheiro e prazer adicionais que a leitura pode acrescentar à sua vida. Não é gostoso?

Decida seu futuro agora

Uma mensagem que eu espero que você tire deste livro, acima de qualquer outra coisa, é que você tem o poder de escolher o cenário verdadeiro para si mesmo. Você pode se colocar em qualquer um dos caminhos a qualquer momento. Você já tem a capacidade de criar qualquer um dos cenários, e é imperativo que você decida moldando o futuro que mais deseja.

Se este apelo para moldar seu destino como leitor lhe parece bobo ou dramático demais, considere uma estatística: menos de 10% das pessoas que compram um livro chegam a passar do primeiro capítulo. (Parabéns! Você já está no Capítulo 2.)

Muitas pessoas que participam do nosso curso de FotoLeitura dizem que nem sequer passam da capa do livro. Em vez disso, simplesmente acumulam ou trocam livros, revistas, brochuras, correspondência, memorandos e relatórios. A informação nesse material poderia muito bem ser escrita com tinta mágica que desaparecesse.

Na medida em que você passar da abertura do livro, descobrirá um conjunto de ferramentas que irão lhe proporcionar uma nova experiência de leitura. Use essas ferramentas, e você descobrirá que tem a capacidade de tornar real o cenário de leitura ideal. Se você não passar deste capítulo, a sua experiência de leitura permanecerá a mesma de hoje.

Rompa hábitos de leitura antigos

Sei que você quer resultados, e, provavelmente, tentará muitas das técnicas que vou sugerir. No entanto, alcançar novos resultados significa mais do que tentar novos padrões de conduta na leitura. Você precisa adotar uma visão alternativa daquilo que a leitura pode ser.

Pegue tudo o que você sabe a respeito de ler, **e você acabou de definir as barreiras que o impedem de conquistar novos resultados.** A escola primária imprime em todos nós um modelo de leitura que limita nossa mente. Este modelo ou "paradigma" exerce um tremendo poder sobre os seus atos e seus resultados em potencial.

A leitura elementar é uma atitude bastante passiva, muitas vezes executada sem um senso de propósito muito claro. Você nunca passou dez minutos lendo um artigo de jornal para descobrir que foi perda de tempo? Isto ocorre quando você lê passivamente.

E também sempre se lê tudo na mesma velocidade; geralmente percorremos todo tipo de material de leitura — de gibis a livros-texto — num mesmo ritmo. Faz mais sentido você abordar uma publicação comercial com velocidade diferente da que usaria para ler um romance.

Com a leitura elementar, sentimo-nos pressionados a tirar o máximo, e com exatidão, logo da primeira vez que lemos. Esperamos absorver tudo com uma única passada pelo material. Se não conseguimos, sentimo-nos inadequados como leitores. Os músicos não sentem pressão de tocar perfeitamente a primeira vez que vêm uma partitura. Por que devemos ser perfeitos como leitores?

Pense em todas as tarefas que temos que cumprir numa única passada pelo documento: absorver a estrutura, captar os termos-chave, e acompanhar os principais argumentos ou fatos do enredo. E, sobretudo, devemos lembrar, citar e criticar acuradamente tudo que foi lido.

Diante dessas exigências, a mente consciente muitas vezes fica sobrecarregada e pode, literalmente, se fechar. Isso ocorre quando sentimos ansiedade, quando chegamos no fim de um parágrafo e não temos a menor idéia do que acabamos de ler. Já aconteceu com você?

Ficar sobrecarregado por excesso de informação é muito fácil, nesta época de sobrecarga informativa. Será que você nunca percebeu seus olhos descendo a página, enquanto a mente vagava por lugares distantes? É como estar com as luzes acesas sem ninguém em casa.

Isso provoca um choque "documental" — um curto-circuito nas suas ligações internas. Corrente demais passando pelos fios faz com que toda a fiação se queime.

Esse colapso no nível consciente reduz o fluxo de informação a um minúsculo filete quando lemos. Quanto mais dados, fatos, detalhes procuramos forçar para dentro, menos somos capazes de lembrar.

> O processador analítico, linear, da mente consciente, só consegue lidar com sete (mais ou menos dois) bits de informação de uma só vez.

Nesta época de sobrecarga informativa, é muito fácil sentir-se como uma pessoa faminta com uma lata de sopa na mão, mas sem ter o abridor de latas. Com a prática elementar de leitura, freqüentemente ficamos com fome: percorremos livros, jornais, manuais, correspondência apenas para descobrir que estamos buscando algo que não vamos conseguir. Qualquer coisa útil nesse monte de informação permanece oculta aos nossos olhos.

Será que os hábitos elementares de leitura nos proporcionam o que necessitamos? Se a sua resposta é "não", você sabe que o problema existe — e que é um grande problema. Você penetrou numa região sensível, você está pronto para mudanças.

Abrace novas opções de leitura

Atualmente, está florescendo um novo tipo de leitor, que tem uma abordagem diferente do modelo de leitura da escola primária. São leitores flexíveis. Eles ajustam a sua velocidade ao tipo de material que têm em mãos. Sabem exatamente o que desejam de cada trecho escrito. Consistentemente, encontram em meio à informação os pontos preciosos que realmente lhes trazem proveito.

Ativos, determinados, questionadores e totalmente engajados — estes são os adjetivos que descrevem os melhores leitores. Novas e efetivas estratégias de leitura tornam-se parte do seu repertório, quando você aprende o sistema *"whole mind"* de FotoLeitura. No processo, você descobrirá um aumento na capacidade de retenção, memorização e prazer.

> Com o sistema "whole mind" de FotoLeitura você utiliza a mente criativa-intuitiva e a mente crítica-lógica, para alcançar seus objetivos.

A FotoLeitura afasta você do modelo dominante de leitura elementar, levando-o a uma leitura que envolve a mente inteira (*"whole mind"*), fazendo de você um herege da teoria tradicional. Assim sendo, você vai encontrar muita gente dizendo que a FotoLeitura não pode funcionar. A estória a seguir ilustra o que eu quero dizer.

Um colega da Learning Strategieration descobriu que até mesmo professores universitários resistem a novos paradigmas. Os membros do corpo docente de uma faculdade em Minnesota tentaram impedir-nos de dar o curso de FotoLeitura, alegando que FotoLeitura é impossível.

Sentindo-nos invulneráveis, concordamos em dar uma demonstração. Um volume da Lei de Patentes dos Estados Unidos foi projetado, página por página, numa tela de TV. Meu colega ia FotoLendo o material à medida em que era projetado, aproximadamente 30 páginas por segundo (mais de 690.000 palavras por minuto). Terminada a exibição do material, ele conseguiu um índice de 75% de compreensão. Além disso, fez desenhos aproximados de seis ilustrações de patentes e identificou corretamente sua seqüência numérica.

Houve uma mudança de paradigma, bem diante dos olhos deles. Você acha que deram apoio ao curso? Não. Ver não é crer. Para transformar o seu modelo, **você precisa crer antes de ver.** Pense na FotoLeitura como uma mudança de paradigma, e você será capaz de fazer o "impossível".

Você não pode "ler" 25.000 palavras por minuto

Antes de aprender FotoLeitura, muita gente ouve estórias como essa e responde: "Que bobagem! Não dá para ler tão depressa!".

Essa gente tem razão. Ninguém tem uma "mente consciente" capaz de ler com essa rapidez. FotoLer não é "ler" do jeito que nós conhecemos. Esse tipo de processamento de informação só é possível quando ultrapassamos temporariamente a mente crítica, lógica, analítica. Nós não FotoLemos com a mente consciente. Em vez disso, apoiamo-nos nas vastas camadas da mente que permanecem sem uso durante a leitura convencional. Isto significa literalmente usar o cérebro de maneira nova.

Ainda assim, temos que encarar os desafios diários da leitura; então utilizemos uma abordagem que envolva ambos os hemisférios do cérebro. Do hemisfério esquerdo, trazemos a habilidade de analisar, ordenar informação e raciocinar logicamente. Do hemisfério direito, trazemos a habilidade de sintetizar, absorver, criar imagens internas e responder intuitivamente.

Quando você aprende a fotografar mentalmente um livro, à razão de uma página por segundo — mais ou menos 25.000 palavras por minuto — você está adotando uma nova abordagem para processar a informação. Nestas velocidades, o velho método elementar de leitura, esquerda-para-direita, palavra-por-palavra, linha-a-linha, não pode funcionar. Em vez disso, você enfrenta a página impressa usando as habilidades atribuídas ao hemisfério direito do cérebro.

Depois de FotoLer um livro, o passo seguinte é estimular e ativar o seu cérebro. Este passo de "ativação", como nós o chamamos, permite que você extraia do livro a informação de que necessita para alcançar seus objetivos de leitura.

Aceitar que você pode processar a palavra escrita num nível não-consciente: é isso que transforma o paradigma. Faça esta mudança, e você tornará sua leitura uma experiência poderosa, efetiva e fácil.

Tome um caminho inesperado para o sucesso

No começo, alguns aspectos da FotoLeitura podem parecer excêntricos. Em vez de aprender as esperadas técnicas de leitura dinâmica, você aprende a técnica da tangerina, salsichinhas, sonhar lúcido e outros processos inusitados. Propositalmente, eu conduzo você através de experiências que você não teve, provavelmente não quer ter, e não julga necessárias.

Esquisito? Não mais esquisito do que descobrir os princípios da física aprendendo a esquiar morro abaixo. Por que não aprender assim? Para transformar o modelo, precisamos adotar um caminho inusitado, inesperado. Senão teremos a tendência de resolver nosso problema de leitura de uma forma que se adapte à nossa visão corrente do problema.

Por exemplo, quando temos muito para ler, tendemos a ler mais rápido... mas a compreensão cai. Aí diminuímos a velocidade e sobrecarregamos a mente consciente. O resultado final não é um aumento de velocidade ou compreensão, e sim um aumento enorme no conflito interno. Este conflito recria os problemas que tentamos solucionar. E ainda temos muito para ler.

Não temos mais desculpas

Se a idéia de voar por um livro na velocidade de uma página por segundo parece improvável, lembre-se de que uma abordagem nova sempre parece estranha quando vista sob as lentes do modelo antigo. Quando um paradigma se transforma, tudo começa de novo. Velhas regras não se aplicam mais. Mesmo assim, mudanças profundas podem ocorrer sem dor, num instante, e ter efeitos de longo alcance.

Gosto da forma como um dos nossos alunos de FotoLeitura, um engenheiro mecânico, coloca: "Dá medo pensar que a nossa mente é ilimitada. Aí não temos mais desculpas". Se você se sente desconfortável com a perspectiva de uma mudança de modelo, considere as palavras de outro aluno: "Penetre no desconhecido. Não tenha medo. Você encontrará solo firme ou então aprenderá a voar".

Devemos tentar novas atitudes e experimentar novas ações. Senão, como podemos gerar resultados novos em nossas vidas? Uma pessoa de uma de nossas classes superou seu medo do sucesso e disse: "Finalmente eu entendo. Este curso pode transformar a minha vida — mas eu tenho me comportado como se pudesse mudar minha vida sem mudar nenhuma das minhas crenças ou meu comportamento!".

Do que você precisa desistir

Talvez você já tenha ouvido a frase: *Para alcançar qualquer objetivo você tem que estar disposto a desistir de algo*. Quando se trata de atingir sua meta na leitura, a mesma regra se aplica.

Para dominar a FotoLeitura você precisa desistir de:

Leia as bolinhas

- baixa auto-estima como aluno;
- hábitos autoderrotistas, tais como protelar ou duvidar de si mesmo;
- perfeccionismo, pensamento do tipo "tudo ou nada", que conduz ao fracasso, e não ao feedback e aprendizagem;
- desconfiança da mente interior e das capacidades intuitivas;
- necessidade de saber tudo imediatamente;
- ansiedade relativa ao desempenho;
- um extenuante senso de urgência.

Mais do que tudo, você precisa desistir das atitudes negativas que se interpõem no caminho do seu sucesso. Por exemplo, um participante, em uma classe de FotoLeitura, se considerava fraco como leitor, e essa idéia se tornou uma barreira pessoal: "Simplesmente não acredito ser capaz de aprender". Outra participante, da mesma classe, também se julgava fraca na habilidade de ler, mas estava mais aberta para desistir de suas limitações: "Vou fazer o que for preciso para dominar isso aqui".

Ambos aprenderam a FotoLer. O primeiro, apegando-se a uma crença negativa, teve muito mais dificuldade para descobrir sua verdadeira capacidade de aprender. Após uma importante mudança interna, o sistema *"whole mind"* de FotoLeitura passou a ajudá-lo a mudar seus resultados na vida.

Por mais profunda que possa ser a influência da FotoLeitura em sua vida, de uma coisa você pode ter certeza: não é preciso desistir do prazer de ler. Na verdade, você conserva as suas habilidades. Uma mulher que adorava ler romances exclamou, após aprender FotoLeitura: "Redescobri o prazer da leitura!". Seu prazer com a leitura tornou-se uma experiência mais rica e mais plena.

Eis o sistema

As exigências existentes em você mesmo, como leitor, são tremendas, nesta nossa era de informação. O sistema *"whole mind"* de FotoLeitura pode ajudá-lo a enfrentar qualquer desafio. Ele funciona com qualquer assunto e se adapta flexivelmente a diferentes propósitos, formatos de impressão, velocidades de leitura e níveis de compreensão.

Os cinco passos do sistema *"whole mind"* de FotoLeitura utilizam as habilidades de sua mente total, de forma potente e efetiva. Com o sistema, você pode abordar qualquer tipo de material e confiar na sua capacidade de conseguir o que deseja.

Vamos agora dar uma olhada geral nos cinco passos. Nos próximos capítulos você desenvolverá aptidões para dar cada passo de forma eficaz.

Passo 1: Preparação

Leia até o fim do capítulo

Ler eficientemente começa com um claro senso de *propósito*. Isto significa afirmar conscientemente o resultado desejado para a leitura. Por exemplo, apenas uma breve vista geral dos pontos mais importantes. Ou então, certos detalhes para soluções de problemas específicos. Ou, ainda, pode ser que tenhamos que completar um trabalho e nos interessem apenas as idéias que nos ajudem nesse sentido. O propósito atua como um sinal de radar para a mente interna, permitindo que ela produza os resultados que buscamos.

Tendo em nosso poder um propósito claro, entramos então num estado de *alerta relaxado* — o estado de aprendizagem acelerada. Enquanto estamos nesse estado não existe tédio nem ansiedade. Estamos nos esforçando, mas não nos preocupamos com os resultados. Você já observou crianças pequenas brincando? Elas estão imersas no mesmo estado que buscamos aqui: relaxado, porém cheio de propósito.

Passo 2: Prever

Nosso próximo passo é *fazer um reconhecimento geral* do material escrito. Neste estágio, nosso objetivo não é captar detalhadamente o conteúdo, e sim obter um sentido de sua estrutura. Para conseguir isto num livro, examinamos a capa, o índice, o glossário, a contracapa, e qualquer parte do texto que se destaque visualmente, tal como títulos, negrito ou itálicos.

Durante este passo você também reúne uma lista de termos-chave ou *palavras-gatilho*, que abrangem os conceitos ou fatos essenciais. As palavras-gatilho alertam a sua mente para os detalhes que você irá explorar meticulosamente mais tarde.

Feito de maneira efetiva, o prever é curto e suave — cerca de cinco minutos por livro, três minutos por relatório e não mais de trinta segundos para um artigo. Durante esse tempo nós clarificamos e refinamos nosso propósito, *revemos* as palavras-gatilho e decidimos se vamos continuar a ler ou dar-nos por satisfeitos. Se você resolve não ler algo que não atenda a suas necessidades ou interesses, tudo bem.

Prever baseia-se num princípio importante: a aprendizagem efetiva muitas vezes acontece "do todo para as partes". Ou seja, começamos com uma visão geral da coisa toda, e então nos encaminhamos para as partes mais detalhadas.

Prever é como radiografar o livro — adquirir um sentido amplo de sua estrutura subjacente. A compreensão da estrutura nos proporciona algo que os teóricos da aprendizagem chamam de esquema — um conjunto de expectativas acerca do que virá a seguir. Quando conhecemos a estrutura do texto escrito, tornamo-nos mais acurados em predizer seu conteúdo. Como resultado, nossa compreensão e nosso prazer de ler se ampliam.

Em resumo, prever nos proporciona primeiro o esqueleto do livro ou artigo. Nos passos seguintes do sistema *"whole mind"* de FotoLeitura, você acrescentará corpo ao esqueleto.

Passo 3: *FotoLeitura*

A técnica de FotoLeitura começa com um aprofundamento no estado de *alerta relaxado*, estado alerta do corpo e da mente que denominamos aprendizagem acelerada. Neste estado, as distrações, preocupações e tensões parecem se desmanchar.

Aí ajustamos nossa visão para o estado de *FotoFoco*. O objetivo é usar nossos olhos de uma forma nova: em vez de focalizar palavras individuais, amolecemos nossos olhos, de modo a expandir a visão periférica e fazer com que toda a página impressa entre no campo de visão.

O FotoFoco cria uma janela física e mental — permitindo uma exposição direta dos estímulos visuais para o cérebro. Neste estado, nós fotografamos mentalmente a página inteira, expondo-a ao processador mental pré-consciente. A exposição de cada página estimula a resposta neurológica direta. O cérebro desempenha sua função de reconhecimento de padrões, desonerado do processo de pensamento crítico/lógico da mente consciente.

No ritmo de uma página por segundo você pode FotoLer todo um livro de três a cinco minutos. Este não é o jeito tradicional de ler. Depois de FotoLer, podemos ter pouco ou nenhum material na mente consciente, o que significa que talvez não saibamos nada conscientemente. Os próximos passos produzem o saber consciente de que necessitamos.

Passo 4: Ativar

Durante a ativação reestimulamos nosso cérebro — *investigando a mente* com perguntas e explorando as partes do texto que mais nos atraíram. Aí *superlemos* as partes mais importantes do texto, passando rapidamente os olhos pelo centro de cada página ou coluna impressa.

Quando julgamos apropriado, *imergimos* no texto para uma leitura mais focalizada, no sentido de absorver os detalhes. Ao imergir, permitimos que a nossa intuição diga: "Ei, vá até o último parágrafo na página 147! Sim, é isso aí. As idéias que você quer estão bem na sua frente".

Você aprenderá muitas técnicas de ativação neste livro, todas capazes de acessar as impressões mais profundas estabelecidas pela FotoLeitura. Você a ativa, envolve todo seu cérebro, conectando o texto ao seu saber consciente e atingindo as metas da leitura.

Passo 5: Leitura Rápida

Esse passo final de todo o sistema *"whole mind"* de FotoLeitura é mais próximo da leitura convencional e da leitura dinâmica. Na leitura rápida você move seus olhos depressa pelo texto, começando no início e indo direto até o fim. Você levará o tempo que julgar necessário, sentindo-se livre para ajustar a velocidade de leitura à complexidade, à importância e ao conhecimento anterior do material. A chave é flexibilidade.

> Ler é de fato aprender a partir de páginas escritas. Quando você aprende a tocar uma música nova, ou toma contato com um novo campo de golfe, você não espera um desempenho perfeito na primeira vez. Você vai aprendendo à medida que passa por cada etapa diversas vezes. A abordagem de leitura múltipla do sistema "whole mind" de FotoLeitura reproduz a maneira correta de aprender algo novo.

A leitura rápida é significativa, porque elimina o medo básico de muitos FotoLeitores principiantes: esquecer o que leram, ou não ter absorvido nada do texto. A leitura rápida envolve diretamente a mente consciente e satisfaz nossa necessidade de uma compreensão clara do conteúdo.

Lembre-se, este passo tem lugar após todos os outros do sistema. Tais passos nos familiarizam cada vez mais com o texto. Haverá ocasiões em que você optará por não fazer a leitura rápida, pois suas necessidades já estarão atendidas.

Com esta visão geral em mente, você está pronto para começar.

Uma gerente administrativa ajudou a levar a FotoLeitura para sua empresa, de modo que seu departamento pudesse aprender novas habilidades para sobreviver ao dilúvio de informação que todos enfrentavam. Vários anos depois, ela foi recrutada por uma grande companhia para ocupar um importante cargo executivo. O salário era muitas vezes maior do que ganhava como gerente administrativa. Ela disse ao ex-patrão que o progresso em sua carreira foi possível devido às aptidões para ler e aprender que conseguira a partir do sistema "whole mind" de FotoLeitura.

Uma excelente aluna de colegial vivia pressionada, trazendo enorme quantidade de trabalho para casa. Era propensa a dores de cabeça e sofria de tensão crônica nas costas e no pescoço. Após aprender FotoLeitura, descobriu que os dotes naturais da mente não precisam ser forçados. Usando o sistema "whole mind" de FotoLeitura, começou a relaxar e abrir caminho para o sucesso. Por exemplo, completou uma difícil tarefa de leitura para estudos sociais em quinze minutos, quando normalmente levaria duas horas. Manteve seu status de boa aluna, as dores de cabeça sumiram e descobriu que existe vida além dos deveres de casa.

Vários FotoLeitores que usavam óculos, alguns com grau bastante forte, relataram melhora em suas deficiências visuais. Dentro de um ano, após aprender os passos da FotoLeitura, os exames anuais no oftalmologista deixaram de implicar necessariamente em aumento de grau nos óculos. Na verdade, muitos relataram uma redução de grau. Em todos os casos, o médico disse que a reversão do quadro era extremamente rara.

Segunda Parte:

Aprenda o sistema *"whole mind"* de FotoLeitura

3
Passo 1: Preparar

Desempenho melhor em qualquer atividade, desde falar em público até pescar, quando estou bem preparado. Ainda assim, eu tinha o hábito de pegar um livro ou revista e simplesmente começar a ler sem qualquer preparação.

Agora trato a leitura como uma atividade orientada para objetivos. Preparar-me por alguns momentos aumenta minha concentração, compreensão e retenção do que leio. Pode parecer simples, mas preparar-se é o fundamento de leitura eficaz. Na verdade, todos os passos do sistema *"whole mind"* de FotoLeitura giram em torno da preparação.

Estar preparado para FotoLer é muito mais do que pegar o livro para lê-lo. Envolve a definição do seu propósito e a fixação do seu ponto de atenção para entrar no estado mental ideal.

1. Afirme seu propósito

Estabelecer um propósito não é uma idéia nova. Francis Bacon, filósofo inglês do século XVI, disse bem: "Alguns livros existem só para provar o gosto; outros, para engolir; e, alguns poucos, para mastigar e digerir. Ou seja, alguns livros são para ler apenas em parte; outros para ler totalmente, mas não com interesse; e, alguns poucos, para ler plenamente, com dedicação e atenção".

Toda leitura serve a algum propósito, seja consciente ou inconsciente. Quando definimos nosso propósito de forma explícita, aumentamos muito a chance de alcançá-lo. O propósito libera nosso potencial. Quase tudo pode ser conseguido com um forte senso de propósito. O propósito é o mecanismo que conduz o sistema *"whole mind"* de FotoLeitura. Este componente vem antes da rapidez, compreensão ou qualquer outro aspecto.

Estabelecer um propósito é uma força que pode ser sentida física e emocionalmente. O leitor com um firme senso de propósito adquire sentimentos novos em relação ao ato de ler. Ele sente que se trata de algo muito sério. Quando você tem um propósito firme, seu corpo fica forte e alerta.

Estabeleça seus propósitos, através das seguintes perguntas:

Leia as bolinhas

- *Qual é a efetiva aplicação deste material?* Espero dizer ou fazer algo diferente depois de lê-lo? Talvez eu esteja simplesmente querendo um passatempo ou curtir esta leitura.

- *Qual é a importância deste material para mim?* Qual é o valor dele, a longo prazo? A leitura deste material gera algo valioso para mim? Se for o caso, que algo valioso é esse?

- *Qual nível de detalhe me interessa?* Quero terminar a leitura com um quadro geral? Quero simplesmente relacionar os pontos principais? Quero recor-

---

Exemplo de propósito: uma consultora de recursos humanos foi à biblioteca para FotoLer o relatório empresarial de um possível cliente, antes da reunião preliminar com ele. Seu propósito durante os oito minutos que investiu na leitura foi obter uma impressão do caminho da empresa, de onde viera e para onde se dirigia. Sua meta era entrar em sintonia com os executivos da corporação, e apresentar suas habilidades de forma efetiva para as necessidades presentes e futuras da mesma.

Exemplo de propósito: um banqueiro queria interligar seu novo computador com a nova impressora. Após horas de tentativa, não teve êxito. Antes de dormir, ele FotoLeu os dois manuais. Seu propósito foi deixar que sua mente interior elaborasse os detalhes do problema, trazendo-o resolvido ao despertar. Na manhã seguinte, meia hora depois de acordar, já tinha conseguido fazer a impressora funcionar perfeitamente.

dar fatos ou outros detalhes específicos? A leitura do documento inteiro é relevante para o meu propósito? Ou posso conseguir o que desejo lendo um único capítulo?

• *Quanto tempo estou disposto a investir agora para satisfazer meu propósito?* Assumir um compromisso de tempo é um jeito delicado de forçar sua atenção sobre aquela tarefa. Estou dando mais importância a ler, porque é a única coisa que escolhi fazer neste momento.

Em resumo, você quer ter uma noção geral da informação ou precisa de detalhes sutis? Você quer estudar ou simplesmente relaxar e ter prazer?

Há muita gente que faz viagens sem destino. Essa gente aborda a leitura sem qualquer senso do ponto onde quer chegar. Se não obtenho algo valioso daquilo que estou lendo, eu me pergunto: "Qual é o propósito disso?". Invariavelmente, a resposta é: "Hã?". Se eu não tenho propósito, a minha leitura é passiva, e, muitas vezes, um desperdício.

Propósito e gerenciamento de tempo são inseparáveis. Na era da informação, não podemos mais presumir que todos os documentos serão lidos com igual rapidez ou nível de compreensão. Isso não só é impossível, devido à quantidade de material que precisamos ler, mas nem sequer desejável. Como disse Francis Bacon, algumas coisas são dignas de serem lidas detalhadamente, outras, nem vale a pena ler.

Tenha em mente que um propósito pode ser bastante criativo. Por exemplo, quando você está na sala de espera do consultório dentário, o seu objetivo pode ser apenas distrair-se: você quer esquecer o ruído da broca na sala ao lado. Este é um propósito legítimo e predispõe a uma experiência específica de leitura.

Afirme seu propósito toda vez que for ler. Este hábito mobiliza a mente e aumenta a concentração. Quando você estabelece seu propósito, todo o poder da sua mente entra em ação.

E além disso, o propósito suaviza a carga de culpa. Esta é uma palavra que muitas vezes surge quando as pessoas falam de seus hábitos de leitura. Muitos de nós fomos condicionados com regras estritas sobre como "devemos ler". É comum ouvir: "Comprei a maldita revista, e mesmo que eu não queira ler todos os artigos, me sinto obrigado a ler até o fim".

Com o senso de propósito, você tem justificativa para deixar de lado o material que não quiser ou precisar ler. Elimine simplesmente as publicações que não puderem lhe oferecer algo valioso.

Estabelecer um propósito não leva mais do que cinco segundos, porém as compensações podem poupar-lhe centenas de horas ao longo de sua vida. Esta técnica tem um alcance tão longo que pode mudar de forma imediata e permanente a sua eficiência de leitura.

2. Entre no estado ideal para leitura

Leio com mais eficiência quando meu corpo está relaxado e minha mente, alerta. Se conseguir conservar esse alerta relaxado, conseguirei compreender, reter e recordar melhor o que leio.

Para ajudá-lo a estabelecer com rapidez e facilidade esse estado de alerta relaxado, você pode usar a "técnica da tangerina". Esta técnica simples direciona automaticamente a sua atenção e melhora de imediato o seu desempenho na leitura.

Estudos mostram que leitura e memória, exigem ambas atenção. É possível estar conscientemente atento a sete bits de informação ao mesmo tempo, com uma margem de dois a mais ou a menos. (É por isso que a companhia telefônica Ma Bell introduziu números telefônicos com sete dígitos.) Em outras palavras, você possui aproximadamente sete unidades de atenção disponíveis num determinado momento.

Pesquisas também indicam que, fixando uma unidade de atenção num único ponto, estamos contribuindo para focalizar efetivamente as outras unidades de atenção disponíveis quando da leitura. É muito importante *onde* se fixa o ponto de atenção. Por exemplo, ao guiar um carro, o melhor ponto de atenção é a estrada — não o capô do seu carro, nem o pára-choque do carro da frente. Para o leitor eficiente, o ponto de atenção ideal é exatamente atrás e acima da cabeça.

Leia as bolinhas

A técnica da tangerina ajuda a localizar e manter o ponto de atenção ideal e cria instantaneamente o estado de alerta relaxado. É esse estado que desejamos para o corpo e para a mente durante a leitura. Eis os passos a seguir:

• Segure uma tangerina imaginária em sua mão. Sinta o peso, a cor, a textura, o cheiro da tangerina. Finja que você sente o peso dela numa das mãos. Agora jogue para a outra mão e agarre. Jogue a tangerina de uma mão para a outra diversas vezes.

• Agora pegue a tangerina na sua mão dominante e coloque-a na parte atrás e acima da cabeça. Toque essa área delicadamente com a mão. Imagine a sensação da tangerina descansando nessa região, enquanto você baixa o braço e relaxa os ombros. Você pode fingir que é uma tangerina mágica, e que ela vai permanecer no lugar, onde quer que você a coloque.

• Feche suavemente os olhos, e deixe a tangerina se equilibrar atrás de sua cabeça. Perceba o que acontece ao seu estado físico e mental ao fazer isso. Você se sentirá relaxado e alerta. Com os olhos fechados, imagine o seu campo de visão se expandindo.
• Mantenha a sensação de alerta relaxado ao abrir os olhos e começar a ler.

Eis aí um experimento que você pode fazer *agora*, para descobrir os efeitos potenciais da técnica da tangerina. Pegue qualquer página deste livro, que você ainda não tenha lido. Sem a tangerina no lugar, leia dois ou três parágrafos. Depois, reflita sobre a sua experiência. Então, ponha a tangerina no lugar, usando a técnica descrita acima, e leia agora dois ou três parágrafos. Compare as duas experiências.

Durante o experimento, você poderá se sentir demasiado consciente de estar fazendo algo novo. Se isso acontecer, talvez seja difícil detectar o efeito. Muita gente relata um aumento no campo visual, movimento dos olhos mais fluido, menos interrompido e abrupto, e capacidade de ler sentenças, e até mesmo parágrafos inteiros, com um rápido olhar.

Brincando com esta técnica, você fluirá pelo material a ser lido com facilidade e rapidez crescentes. A capacidade de se concentrar na informação melhora, e o ato de ler se torna mais relaxado.

No início, você colocará conscientemente a tangerina na parte posterior da cabeça. Em breve, isto será automático, de modo que toda vez que você abordar materiais de leitura, uma unidade de atenção se fixará no seu respectivo lugar.

Esse estado de alerta relaxado, físico e mental, também é perfeito para outras atividades. Ele é amplamente pesquisado como estado ideal de desempenho humano. É similar à meditação, contemplação e oração, nas quais fica-se totalmente absorto no momento presente.

Embora seja um estado de relaxamento, não é o mesmo que ficar com sono ou ir dormir. Pelo contrário, você focaliza sua mente com uma calma interior. Você tem acesso a todos seus recursos internos, naturais.

Junte tudo

O procedimento a seguir pode ajudá-lo a preparar-se para a leitura em 30 segundos. Talvez você queira um amigo para guiá-lo ou gravar a seqüência em fita, de modo a poder ouvir depois.

Leia as bolinhas

- Ponha o material de leitura na sua frente. Não leia ainda.
- Comece a relaxar fechando os olhos. Tome consciência de si mesmo da cabeça aos pés. A espinha fica ereta, a postura confortável e a respiração, relaxada.
- Afirme mentalmente o seu propósito de leitura. (Por exemplo, "Durante os próximos dez minutos vou ler este artigo de revista em busca de idéias que me ajudem a melhorar minha capacidade de administrar meu tempo".)
- Ponha a tangerina imaginária no topo de sua cabeça.
- Tome consciência de si mesmo estando relaxado e alerta. Dê um ligeiro sorriso com o canto da boca e dos olhos, para relaxar a face. Mesmo com os olhos fechados, você pode imaginar seu campo visual se expandindo. Você tem uma conexão direta olho-mente.
- Agora, no tempo que for confortável para você, mantendo o estado de alerta relaxado, abra suavemente os olhos e comece a ler.

Mais sobre a técnica da tangerina

É muito difícil conseguir as condições ideais para o estado ideal de leitura, especialmente no trabalho. Quando lemos no trabalho, freqüentemente, o telefone toca, alguém bate à porta, há gente conversando, temos que nos apressar para uma reunião, e somos assaltados por todo tipo de idéias estranhas à leitura, como as compras na quitanda ou o conserto do carro. Com essa balbúrdia de eventos mentais, onde fica a nossa atenção? Espalhada por todo lado. Ler é praticamente impossível.

Em contraste, o estado ideal para leitura é o estado de fluir, quando se está totalmente absorto na tarefa. É aí que entra em jogo a técnica da tangerina.

Em meados da década de 80, li um artigo fascinante no *Brain/Mind Bulletin*, a respeito de Ron Davis, um especialista em leitura. Davis tinha dislexia, uma deficiência na leitura. Ao pesquisar uma solução para o problema, fez uma descoberta.

Pessoas com dislexia, descobriu ele, têm um ponto de atenção instável, que vagueia pelo espaço, sem chegar a um lugar fixo. Leitores habilidosos, por outro lado, têm um ponto de atenção fixo, localizado exatamente no topo da parte posterior da cabeça.

Treinando-se de modo a redirecionar sua atenção, Davis aumentou sua capacidade de leitura, redação e ortografia, passando de um nível primário a um nível universitário, em menos de três anos. Atualmente, ele dirige uma clínica particular para pessoas com deficiências de aprendizagem. Suas sessões começam treinando os clientes a acharem esse ponto, que ele chama de "epicentro de consciência visual" (*"visuo-awareness epicenter"*).

Experimentei eu mesmo essa técnica, e imediatamente notei um aumento em minha concentração e facilidade de leitura. Se a técnica funcionou com disléxicos, refleti, qual não seria o efeito num leitor adulto normal, que esteja dispersivo demais para ler eficientemente.

O trabalho de Davis me proporcionou um salto qualitativo. Para conseguir o efeito do seu "epicentro de consciência visual", desenvolvi a técnica da tangerina.

A maioria das pessoas sente vários benefícios fluírem imediatamente a partir da técnica da tangerina. Para começar, são capazes de entrar num estado de alerta relaxado. Além disso, a mente se acalma e consegue focalizar automaticamente a atenção. O resultado é um aumento instantâneo na capacidade de ler.

Historicamente, a técnica da tangerina chegou a nós sob uma variedade de formas. O gorro de pensar dos chineses, a cartola do mágico, e até mesmo, creia você ou não, o conceito original do "chapéu de asno" usado por alunos em sala de aula, são dispositivos para focalizar a atenção. Cada um deles faz com que parte da atenção se fixe num ponto localizado no topo da parte posterior da cabeça.

Experimente essa técnica. Se a imagem da tangerina não funcionar, procure outro jeito de fixar sua atenção no topo da parte posterior da cabeça. Imagine-se com um "sombrero" mexicano, com um pássaro pousado em cima. Sinta o "sombrero" descansando sobre sua cabeça, e focalize a atenção no pássaro.

Outra maneira é imaginar-se em pé ao lado do seu corpo, olhando sobre a sua cabeça enquanto lê. Ao fazer isso, você perceberá uma diferença significativa em sua forma de sentir.

Quando você fixa o seu ponto de atenção usando qualquer uma dessas técnicas, e em seguida abre os olhos, ocorre algo curioso. De repente, o material que você está lendo parece mais manipulável. O campo visual se amplia, e você consegue até ver suas

47

mãos segurando as páginas. Nesse estado, você está preparado para absorver muito mais informação visual do que antes.

O fator importante é o seu estado mental. Não queremos manter a sensação da tangerina o tempo todo que estivermos lendo. Conseguir um ponto fixo de atenção é como colocar a pedra angular num arco: aquela única pedra mantém todas as outras no lugar.

Da mesma maneira, o ponto fixo de atenção parece juntar e focalizar as outras unidades de atenção na tarefa de ler. Uma vez achado o ponto, esqueça-o. Quando você passa por uma porta, você não carrega o batente consigo. Vá em frente e comece a ler — sua mente tomará conta do resto.

Leia as bolinhas

Pare um momento para pensar como você pode usar o que aprendeu neste capítulo:
- Preparação é a base do sistema que envolve a totalidade da mente (*"whole mind"*).
- Os dois fundamentos da preparação são: afirmar seu propósito e conseguir entrar no estado mental ideal, com um ponto fixo de atenção, no topo da parte posterior da cabeça.
- Ler com propósito significa ler poderosamente.
- A técnica da tangerina é uma forma de fixar sua atenção, e conduz automaticamente ao estado mental ideal.

Agora, dedique alguns momentos para aplicar esta técnica aos capítulos restantes do livro. Visualize-se lendo o resto deste livro com um propósito forte. Imagine-se deslocando sua atenção para um ponto logo atrás de você, e imediatamente acima da sua cabeça. Mais uma vez, note a mudança em seu estado físico ao fazer isso. Ao ler, você se sentirá mais relaxado, centrado, atento e totalmente absorto. Agora você está imerso no estado de fluir, pronto para aprender. Seu próximo passo é...

4

Passo 2: Prever

Nós podemos ler apenas o que já sabemos. Isto é, o cérebro humano só pode apreender padrões que lhe sejam familiares. Quanto mais você souber acerca de um texto antes de efetivamente lê-lo, mais fácil será ler.

O caminho rápido para descobrir padrões em um texto é prever (no sentido literal de pré-ver). Isso acelera nossa absorção e demora apenas poucos minutos ou, em alguns casos, alguns segundos. O prever tem três estágios:
1. Reconhecimento geral do material;
2. Extrair palavras-gatilho do texto;

3. Rever e decidir seus objetivos para seguir adiante.

1. Reconhecimento geral do material

Quando minha esposa e eu pensamos em comprar uma casa, primeiro exploramos o bairro. Caminhamos até o lago, demos a volta no quarteirão, fomos de carro até a escola primária e até o centro. Olhamos um mapa e exploramos os bairros mais próximos, inclusive os parques municipais. Em outras palavras, fizemos um reconhecimento geral do território.

Quando se pensa em ler um livro, revista ou outra publicação qualquer, também se faz um reconhecimento geral. Fica-se conhecendo a estrutura do material, e a melhor maneira de prosseguir. "Dê uma volta" em torno do material escrito para tomar contato com:

Leia as bolinhas

- títulos e subtítulos;
- índice;
- data de publicação;
- indice remissivo;
- texto impresso em negrito e itálico, inclusive títulos e subtítulos;
- texto na capa e contracapa;
- primeira e última páginas de livros, ou primeiro e último parágrafos de cada seção em qualquer outro documento;
- material destacado em quadros, figuras e gráficos;
- sumários, prefácios ou perguntas de revisão.

Você ficará surpreso com quanta coisa se pode conseguir com esta estratégia. Em alguns casos, poderá encontrar tudo que deseja saber — apenas com um reconhecimento geral.

Este reconhecimento permite saber o assunto do texto e ajuda a predizer o que esperar. Pode ajudá-lo a procurar a informação importante.

Por exemplo, há livros, do tipo "como fazer", que apresentam uma série de tarefas numa certa seqüência. Um livro do tipo "o que é", em geral, apresenta um problema e fornece a solução.

Não gaste muito tempo no reconhecimento: um artigo pequeno, trinta segundos; um artigo maior ou um relatório, três minutos; e um livro, de cinco a oito minutos. Isso é tudo. Se levar mais tempo é porque você provavelmente estará lendo no sentido convencional — e não fazendo o reconhecimento.

O reconhecimento tem uma vantagem adicional: estimula a memória de longo prazo, porque ajuda você a absorver e classificar o material que lê. Qualquer material que você organize ativamente será lembrado por mais tempo.

2. *Extrair palavras-gatilho*

Alguma vez, ao ler, você já sentiu que certas palavras parecem saltar fora da página e pedir uma atenção especial? É bem provável que essas palavras importantes sejam os pontos focais da mensagem do autor. Essas palavras têm uma urgência. Elas parecem implorar: "Ei, olhe pra mim!". Essas são as palavras-gatilho.

Palavras-gatilho são palavras-chave — os termos supervisíveis, repetidamente usados, que apresentam as idéias centrais. São como alças que ajudam a apreender o sentido do texto.

As palavras-gatilho ajudam a mente consciente a formular questões a serem respondidas pela mente interior. A mente não-consciente tende a destacá-las, em sua busca pelo texto, de modo a ajudar você a atingir seu objetivo.

É simples localizar palavras-gatilho. O Capítulo 2 deste livro dá um exemplo. Ali eu menciono leitura elementar, mudança de paradigma, propósito e crenças. Esses termos se classificam como palavras-gatilho, e descrevem um problema e a maneira de resolvê-lo.

A maioria das pessoas localiza as palavras-gatilho com facilidade, quando se trata de não-ficção. Mas podem sofrer um vazio ao prever obras de ficção, como contos, novelas e poesia. A ficção nos fornece palavras-gatilho nos nomes de pessoas, lugares e coisas.

Localizar as palavras-gatilho é um jeito divertido de experimentar a temperatura da água antes de mergulhar em busca do significado. Simplesmente folheie as páginas de um livro, e, a cada vinte páginas, mais ou menos, perceba quais foram as palavras que chamaram sua atenção.

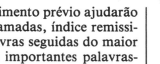

Todos os elementos do seu reconhecimento prévio ajudarão na sua busca: índice, capas, títulos e chamadas, índice remissivo. No índice remissivo, procure as palavras seguidas do maior número de páginas. Provavelmente são importantes palavras-gatilho.

No início, sugiro que você faça um registro mental de cinco a dez palavras-gatilho para artigos, e escreva uma lista de vinte a vinte e cinco palavras-gatilho para livros. Você certamente conseguirá chegar a essa quantidade em dois minutos ou menos.

Faça isso de forma relaxada, como se fosse uma brincadeira. Assim, será mais fácil fixar-se em expressões mais fortes.

3. Rever

A última parte de prever ajuda a avaliar o que você conseguiu com o reconhecimento geral e com a lista de palavras-gatilho. Faça um mini-inventário. Determine se quer prosseguir na leitura do documento e extrair mais do seu conteúdo. Pense se é possível alcançar seu propósito de ler ou se você precisa redefinir esse propósito. Lembra-se da regra 80/20? Pergunte-se se esse livro ou artigo se relaciona com "os 20% de maior peso".

Depois de prever, você pode até decidir não ler o documento. Esta é uma das maiores gentilezas que você pode fazer a você mesmo, nesta época de sobrecarga informativa. Poupe-se do trabalho de ingerir informação desnecessária. Você tem mais o que fazer. Salve tempo para o que é importante.

> A regra 80/20:
> num determinado conjunto de itens, se os mesmos forem ordenados conforme seu valor, 80% do valor total se concentra em apenas 20% dos itens, ao passo que os outros 20% do valor se distribui pelos 80% dos itens restantes.

Depois de prever, você pode decidir que só precisa de uma visão geral do documento. Mais tarde, se quiser informação mais específica, você saberá onde encontrá-la. É como usar uma enciclopédia: você não precisa decorar o conteúdo de cada volume. Basta saber o suficiente para pegar o volume certo na prateleira.

Leia como se fosse à feira

O cérebro é excelente em classificar percepções e reconhecer padrões. Prever contribui para ambos os processos. Permite criar categorias significativas, estabelecer padrões e localizar os conceitos essenciais que levam à compreensão. Você começa a descobrir a parte do texto, em geral de 4 a 11% dele, que inclui a mensagem-chave e satisfaz seu propósito.

Sem criar categorias, o texto se revelaria como o mundo se revela a um recém-nascido — um desfile constante de visões, sons e outras sensações sem relação entre si, uma "confusão florescente e excitante", conforme descreveu o psicólogo William James.

O segredo para prever com êxito é evitar aprofundar-se no texto cedo demais. Você pode sentir-se tentado a parar de prever e começar a ler os detalhes. Perceba a sua ânsia de focalizar as particularidades, abandone essa ânsia, e volte a prever.

Você quer tirar o máximo proveito de cada minuto que investe em leitura. Se começar a ler os detalhes cedo demais, facilmente acabará diminuindo o ritmo, arrastando-se por parágrafos e páginas sem qualquer relevância para o seu propósito. Isto pode levar a uma perda de impulso, redução de interesse e, até mesmo, um monumental cochilo.

Para evitar isso, contenha-se para não entrar nos detalhes. Assim, você fortalecerá sua motivação. E sentirá desejo de descobrir mais, de preencher a estrutura geral que está construindo mentalmente.

Este é um dos aspectos "suculentos" de prever — abrir o apetite para novas informações e idéias. Esse apetite aumenta o seu compromisso com a leitura e energiza a mente inteira, no sentido de realizar seus desejos.

Dedique-se a prever toda vez que for ler. A leitura de um documento mais longo ou complexo, sem prever, é como ir à feira para comprar uma maçã e reconhecer cada item em cada barraca até encontrá-la. Em vez disso, vá para a barraca de frutas e pegue diretamente o que você deseja. Ao ler, isto significa encaminhar-se diretamente para o rumo que melhor satisfaça o seu propósito.

Neste capítulo você aprendeu que:
* Prever permite à sua mente criar padrões, de modo a aumentar sua velocidade e absorção ao ler.
* Para prever, você tem que fazer um reconhecimento geral, extrair do texto palavras-gatilho e rever.
* Reconhecimento geral é caminhar pelas fronteiras externas do que você está lendo, de modo a reconhecer sua estrutura e saber como prosseguir.
* Palavras-gatilho são termos-chave que ajudam a formular perguntas que a sua mente interior trabalhará para responder.
* Rever é fazer um mini-inventário para se certificar de que aquela leitura atende seu propósito.

Leia as bolinhas

Para aplicar a técnica de prever, imagine por um momento os tipos de material de leitura que você terá pela frente na semana que vem. Imagine-se prevendo essas várias fontes de informação. Perceba como alguns instantes prevendo podem economizar horas nessa semana, porque você sintoniza rapidamente a informação que deseja e elimina a leitura redundante e desnecessária.

O capítulo 5 conduz você ao próximo passo, a FotoLeitura, o passo mais excitante e instigante de todos.

Um executivo disse que FotoLer uma dúzia de livros sobre princípios administrativos melhorou seu desempenho no emprego. Outra executiva recebeu um enorme aumento de salário, um ano após uma aula de FotoLeitura — diz ela que, por meio da FotoLeitura, aumentou tanto sua compreensão da indústria, que melhorou drasticamente sua produtividade.

Um pastor FotoLeu um trecho da Bíblia antes de ir dormir. Sonhou com uma estória bíblica, e como ela se relacionava com um determinado problema de um de seus paroquianos. Pôde usar essa percepção para aconselhar seu fiel.

Um empresário foi convidado a falar numa conferência. Não teve tempo de se preparar para a apresentação, no sentido tradicional de ler livros, fazer anotações e escrever a palestra. Conseguiu apenas FotoLer alguns livros, de modo que se julgou apto a dar somente algumas pinceladas no tema. Para sua surpresa, a apresentação fluiu impecavelmente. Ele chegou a apresentar estatísticas que lhe acorreram de forma inesperada e espontânea — aparentemente fornecidas por sua mente não-consciente. Posteriormente, conferiu cada fato com os livros, e teve um retorno excelente de sua audiência.

Um programador de computadores descobriu que, ao FotoLer páginas codificadas, rapidamente era capaz de descobrir "bugs"* de programas. Outro programador afirmou que sua habilidade para programar códigos eficientes melhora quando ele FotoLê páginas de códigos de outros programadores.

Um químico descobriu que, ao FotoLer seus livros-texto da faculdade, conseguia melhorar sua compreensão de gráficos e tabelas, que antes tinha dificuldade para entender.

---

* "*Bugs*": a origem do termo é digna de ser contada. Nos primórdios da computação, um computador, ainda a válvulas, se recusava a funcionar corretamente, apesar de todas as verificações na programação. Abrindo o aparelho, descobriu-se a presença de um pequeno inseto (*bug*), que atrapalhava o funcionamento. Desde então, o termo é utilizado para designar erros de lógica ou construção que atrapalham o funcionamento de um determinado programa.

5

Passo 3: FotoLeitura

A FotoLeitura vai deixar você tonto de surpresa! É o passo mais instigante do sistema, utilizando basicamente o lado direito do cérebro. Para dominar esse passo, você precisa manter uma atitude lúdica e aberta.

A FotoLeitura se baseia na habilidade natural do cérebro de processar informação num nível pré-consciente. Para aqueles que se soltam e confiam à sua mente a execução do trabalho, a FotoLeitura oferece uma oportunidade fenomenal para descobrir seu verdadeiro potencial de aprendizagem.

Por meio da FotoLeitura, você expõe seu cérebro a padrões de texto fotografando mentalmente a página impressa. Não se trata de uma técnica sobre a qual se deve trabalhar duro, nem algo que pode ser entendido conscientemente. Esforçar-se na prática e no aperfeiçoamento pode ser contraproducente em si. Simplesmente use — e curta os resultados.

Nas próximas páginas você aprenderá formas de realizar cada passo do processo de FotoLeitura. Depois de aprendê-los, brinque de FotoLer este livro.

1. Preparar-se para FotoLer

Preparar para FotoLer é uma questão de tomar algumas decisões.

O que é que você deseja FotoLer? Coloque seu material de leitura à sua frente e pergunte-se se você pode usar os poucos minutos exigidos para FotoLer o material.

Por que você quer ocupar seu tempo para FotoLer esse material? Afirme claramente para si mesmo o que você espera conseguir. Este ato de estabelecer seu propósito será repetido detalhadamente mais adiante, ao longo do processo. Propósito é essencial.

> Há seis passos no processo de FotoLeitura. São eles, pela ordem:
> 1. Preparar-se para FotoLer.
> 2. Entrar no estado de aprendizagem acelerada.
> 3. Afirmar sua concentração, impacto e propósito.
> 4. Entrar no estado de FotoFoco.
> 5. Manter um estado constante enquanto FotoLê.
> 6. Fechar.

Fique atento a esta experiência e livre-se de quaisquer interferências externas. Mantenha uma postura aberta, confortável, ereta, relaxada e pronta para entrar no estado de aprendizagem acelerada.

2. Entrar no estado de aprendizagem acelerada

Anteriormente, no sistema *"whole mind"* de FotoLeitura, você entrou num estado de alerta relaxado, antes de prever. Antes de FotoLer, seu objetivo é experimentar um estado cerebral mais receptivo — um estado no qual você tenha acesso às capacidades expandidas da mente e maior potencial para aprender.

Eis um procedimento para entrar nesse estado, também chamado de estado de aprendizagem acelerada. De início, este procedimento pode levar alguns minutos. No entanto, mais tarde, você poderá atingir o estado desejado no tempo de uma inspiração profunda seguida de uma suave expiração.

• Fique em posição confortável. Enquanto estiver aprendendo a técnica, fique deitado. Quando já estiver familiarizado, sente-se numa cadeira confortavelmente.

• Inspire profundamente. Depois expire, e aí feche os olhos.

• Sinta um relaxamento físico pleno. Inspire profundamente e retenha o ar por um momento. Ao expirar lentamente, pense no número três (3) e repita mentalmente a palavra "relaxe". Este é o sinal de relaxamento físico. Então relaxe progressivamente os principais grupos de músculos do seu corpo, do topo da cabeça até os dedos dos pés. Imagine uma onda de relaxamento fluindo por todo seu corpo. Deixe cada músculo se dissolver, até estar gostosamente relaxado e livre de tensão.

• Agora acalme sua mente. Inspire profundamente e retenha o ar por um momento. Expire lentamente, pensando no número dois (2) e repita mentalmente a palavra "relaxe". Este é o sinal de relaxamento mental. Abandone pensamentos acerca do passado ou do futuro. Foque sua atenção no momento presente. Ao expirar, deixe que as tensões, ansiedades ou problemas flutuem para longe. Ao inspirar, deixe paz e tranqüilidade fluírem para dentro de cada parte sua.

• Mais uma vez, inspire profundamente e retenha o ar por um momento. Expire bem devagar, ouvindo mentalmente o som do número "um" (1). Ao fazer isso, visualize uma linda flor com seu olho mental. Isso sinaliza que você firmou seu foco de consciência e entrou no nível mental dos seus recursos interiores — um estado de expandida criatividade e habilidade de aprender.

Imagine-se num lugar maravilhoso e quieto. Tome consciência dos delicados sons, visões e sensações que você está experienciando. Imagine que se passa uma hora. Deixe-se repousar confortavelmente por alguns momentos.

Antes de prosseguir nos próximos passos, lembre-se de liberar quaisquer tensões ou distrações remanescentes. Lembre-se de manter esse estado de relaxamento físico e mental ao FotoLer.

> Os estados cerebrais são caracterizados por medidas de freqüência num eletroencefalógrafo (EEG) e por experiências subjetivas. (A abreviatura Hz significa Hertz, ou ciclos por segundo).
> Beta = 12-23 Hz: estado desperto, vigília.
> Alfa = 8-12 Hz: alerta relaxado, ideal para aprendizagem.
> Teta = 4-8 Hz: relaxamento profundo, ideal para criação de imagens internas, associado à criatividade

O processo de entrar no estado de aprendizagem acelerada permite a você estabelecer contato com a sua mente não-consciente. A entrada neste estado físico e mental aciona o hemisfério direito do cérebro, abrindo-o para receber informação. Permite a você tornar-se mais receptivo às suas próprias idéias positivas. Enquanto você se encontra neste elevado estado de sintonia, abrem-se canais de acesso para os "arquivos de dados" da sua memória de longo prazo.

Muitas aulas, livros e fitas de relaxamento e meditação podem ajudá-lo a desenvolver a habilidade de entrar nesse estado ideal de aprendizagem. As Fitas Paraliminares (*Paraliminal Tapes*) disponíveis na Learning Strategies Corporation guiam você através de técnicas de relaxamento similares usadas nas aulas de FotoLeitura.

3. Afirmar sua concentração, impacto e propósito

Os pensamentos podem reforçar ou atrapalhar o processo de aprendizagem. Pensamentos positivos, assertivos, contribuem para a aprendizagem, ao passo que pensamentos negativos impedem-na.

Leia as bolinhas

Ao pôr na cabeça pensamentos positivos, você pode se ajudar a desenvolver seus potenciais e conseguir os resultados desejados. Esses pensamentos, chamados afirmações, ajudam a dirigir o material que você está FotoLendo para a sua mente interior. Eis as afirmações mais úteis para a FotoLeitura:

• Enquanto FotoLeio, minha concentração é absoluta.
• Tudo que FotoLeio deixa uma impressão duradoura na minha mente interior, e está à minha disposição.
• Eu desejo a informação contida neste livro (diga o nome do livro), para atingir meu propósito de (reafirme seu propósito).

As afirmações direcionam a sua mente não-consciente, estabelecendo os objetivos com clareza. O processo de afirmar também ultrapassa as limitações impostas pela mente consciente. Ele redireciona qualquer diálogo interno negativo, abrindo nova possibilidade de êxito.

É importante que o seu objetivo ou propósito seja algo que você possa realizar. Um objetivo mal definido seria: "Quero ter uma lembrança fotográfica de tudo que FotoLeio". Como não é este o propósito da FotoLeitura, e a lembrança perfeita de tudo não é algo razoável, um objetivo assim mal definido pode gerar frustração indevida e desempenho ineficaz.

Um objetivo bem definido seria: "Absorver totalmente este material, e apressar a aplicação destas técnicas e conceitos na minha vida". Esta sim é uma meta possível de conquistar, criando uma sensação de facilidade e realização.

4. Entrar no estado de FotoFoco

O estado de FotoFoco utiliza seu sentido de visão para introduzir informação visual diretamente em sua mente não-consciente. Neste passo, você aprende a usar seu sistema visual de forma diferente da leitura comum. Em vez de focalizar firmemente palavras ou grupos de palavras, você adquire um "olhar mole" para captar a página inteira de uma vez.

Quando comécei a desenvolver a FotoLeitura, eu sabia que focalizar os olhos com firmeza envia informação através da mente consciente. A FotoLeitura requer o envio de informação através do processador pré-consciente à mente interior. Minha pergunta passou a ser: "Como posso olhar para alguma coisa sem focalizar com firmeza?".

> Com o FotoFoco você fortalece a conexão olho-mente. A ênfase não se fixa mais na página diante dos seus olhos, e sim no significado arquivado atrás de seus olhos (na sua mente).

Des-focalizar os olhos não era a resposta. Isso só fazia com que eu me sentisse aéreo e letárgico. Minha sensação de *alerta relaxado* desaparecia, como se a minha clareza física e mental estivesse ligada à minha clareza visual.

Certa tarde, eu refletia sobre este paradoxo. Li um artigo sobre uma professora de arte, chamada Betty Edwards. No seu livro, *Desenhando com o lado direito do cérebro*, ela dizia: "Se você quiser desenhar o meu polegar, não desenhe o meu polegar", porque você usará o lado esquerdo do cérebro — o lado analítico, não-artístico. E ela prosseguia: "Para desenhar meu polegar, desenhe o espaço em volta do meu polegar". Esta estratégia utiliza o lado direito do cérebro — o lado criativo.

Seguindo o conselho dela, comecei a olhar as duas páginas de um livro aberto. Absorvi todo o espaço em branco, com olhar expandido, sem olhar as palavras. Subitamente, as páginas adquiriram clareza e profundidade, parecendo quase tridimensionais. No centro da página, emergiu uma terceira página, estreita e arredondada.

Isto me fez lembrar as experiências que tive quando criança. Toda vez que tinha que ficar sentado, esperando algo ou alguém, minha mente tinha a tendência de vagar indefinidamente. De vez em quando, se acontecia de eu estar sentado numa sala de piso azulejado, tomava consciência de que o piso parecia uma grade tridimensional — como se houvesse duas camadas de linhas, com diferença de quinze centímetros. Se eu forçasse o olhar, a profundidade desaparecia. O efeito só permanecia se eu mantivesse um olhar relaxado, divergente, como se estivesse olhando ao longe.

O reconhecimento deste estado visual especial foi o início do FotoFoco. Nos anos que se seguiram, muitas descobertas relacionaram o FotoFoco a antigas tradições de ver com a mente não-consciente.

A essência do FotoFoco é usar os olhos de uma forma nova, que é chamada de "ver com olhos moles". Isso contrasta com o foco firme, que constitui nossa prática normal para conseguir uma imagem clara e nítida de uma única palavra, frase ou linha do texto. Com o FotoFoco, ampliamos nossa visão periférica e preparamo-nos para fotografar mentalmente páginas inteiras de um só vez. Ao fazê-lo, processamos a informação visual num nível pré-consciente, alimentando diretamente a memória mais profunda da mente interior.

> Ver com "olhos moles" não tem nada de novo. A literatura taoísta da China refere-se ao "olhar que tudo vê". O mesmo sucede com Carlos Castañeda, autor de uma popular série de livros sobre as práticas de Don Juan, um xamã mexicano.

Uma descrição clara dos "olhos moles" vem de Miyamoto Musashi, legendário espadachim do século XV e autor do *Livro dos cinco anéis*. Nesse livro, Musashi refere-se a dois tipos de visão. Um dos tipos é chamado *ken*, uma observação da aparência superficial e do movimento externo. O outro, *kan*, em contraste, é enxergar dentro da essência das coisas. Usando a visão periférica de kan, diz Musashi, um guerreiro pode divisar um inimigo e detectar um ataque iminente antes que ele seja desfechado. Embora não tenhamos inimigos prestes a atacar, na FotoLeitura podemos usar outros benefícios de kan: calma, concentração, criatividade, intuição e a habilidade de expandir delicadamente nosso campo visual.

A fisiologia subjacente a kan — ou FotoFoco, como nós chamamos — é fascinante. As retinas dos olhos podem ser divididas em duas regiões. Uma delas, a fóvea, é densamente povoada de células chamadas cones. São estas células que trazem a imagem para foco firme. Cada cone é ligado ao cérebro por um único nervo. A informação que penetra na fóvea é processada pela mente consciente.

Ao nos deslocarmos para a periferia da retina, a segunda área, deparamo-nos com células diferentes, chamadas bastonetes. Embora haja centenas de bastonetes conectados ao mesmo nervo, estas células são extremamente sensíveis. Na verdade, podem detectar a luz de uma única vela a dez milhas de distância. Quando no estado de FotoFoco, apoiamo-nos muito mais na visão de bastonete no que na visão de cone. A periferia do nosso campo visual é processada pela mente não-consciente.

Usando o FotoFoco, você reduz as suas defesas perceptivas e elimina a interferência da mente consciente. Ao remover esses bloqueios à informação que entra, você estará se ajudando a ter maior acesso à sua mente interna.

Um caso de bloqueio é a visão de túnel. Por exemplo, você está procurando alguma coisa na cozinha e não acha. Pode ser que esteja bem na sua frente, mas você não vê, porque espera encontrar o objeto na gaveta, e não na mesa.

Como preparação para entrar no estado de FotoFoco, brinque com o próximo exercício. O objetivo é experienciar um fenômeno visual que chamo de "efeito da salsichinha".

Para ver o "efeito da salsichinha", fixe um ponto na parede e olhe para ele. Agora, sem deixar de olhar para esse ponto, ponha as mãos diante dos olhos, a mais ou menos 45 centímetros de distância. Aí junte as pontas dos seus dois dedos indicadores.

Fixando o olhar no ponto exatamente acima dos indicadores, perceba o que está acontecendo com os dedos no seu campo visual. Mantenha os olhos relaxados, e não se preocupe em deixar alguma coisa em foco mais preciso.

Você notará uma imagem-fantasma, como se fosse um terceiro dedo, conforme o desenho a seguir:

Esta imagem-fantasma parece uma daquelas pequenas salsichas usadas em aperitivos.

Isso pode parecer brincadeira de criança, mas, na verdade, sinaliza uma mudança significativa na sua visão. Enxergar a salsichinha demonstra que você está divergindo seus olhos, em vez de convergi-los num ponto fixo a ser focalizado com precisão. Ao fazer isso, o seu campo visual amolece, e sua consciência periférica se expande. É estranho que se veja o efeito apenas quando não se olha para os dedos. Será que estou pedindo que você veja sem olhar? Parece algo do kung-fu.

Você pode aplicar o mesmo efeito às páginas de um livro. Para percebê-lo, fixe o olhar num ponto confortável, acima da parte superior do livro. Perceba as quatro bordas do livro, e o espaço branco entre os parágrafos, enquanto você olha por cima do livro, para o seu ponto na parede. Como seus olhos estão divergindo, você enxergará uma duplicação do vinco central, entre a página esquerda e a direita. Comece a notar uma pequena faixa arredondada de uma página-fantasma (uma "página-salsichinha") entre as duas linhas de vinco. Eu chamo esta página de "página-blip".

Veja se você consegue baixar o olhar, de modo que você olhe exatamente através do centro do livro, como se tivesse visão radiográfica. Você ainda consegue manter a divergência dos olhos e enxergar a página-blip?

Nos estágios iniciais de aprendizagem de FotoLeitura, muita gente descobre que seus olhos tentam focalizar o livro. Isso faz as duas linhas do vinco central convergirem e a página-blip desaparecer. É a força do hábito. Não lute contra ela. Simplesmente relaxe e brinque com ela. Você pode até querer deixar a brincadeira de lado e retomar depois.

Quando os olhos estão em FotoFoco, os caracteres impressos na página provavelmente estarão borrados. Tudo bem, pois para ver a página-blip, o seu plano focal precisa estar mais distanciado. Para obter clareza nas proximidades, você terá que relaxar os olhos e deixar o plano focal se aproximar.

Quando se desenvolve o FotoFoco, as palavras na página do livro adquirem uma clareza e profundidade especiais. Elas não estão em foco, porque não se está olhando para elas. Mas há uma clareza no material impresso que poderá ser notada à medida que se relaxa mais.

Eis outra maneira de se enxergar a página-blip. Sente-se ligeiramente afastado de uma mesa. Coloque o livro aberto sobre a mesa, bem perto da borda. Olhe através da borda inferior do livro, e veja seus pés no chão. Bem devagar, traga o livro para dentro do seu campo visual, de modo que ele quase cubra a linha de visão dos pés. Ao notar o livro no seu campo visual, você provavelmente perceberá uma duplicação do vinco central.

Continue olhando para baixo, na direção dos pés, e perceba o que está acontecendo entre as duas linhas de vinco do livro. É a página-blip.

Brinque movendo-se mais na direção do livro (e o livro mais na sua direção) até sua linha de visão estar bem no centro do livro, ainda mantendo a linha dupla. Será que você consegue? Se for difícil, não se preocupe. Após anos acostumado a focalizar a página impressa, o seu primeiro contato com o FotoFoco pode ser um desafio. Por outro lado, talvez você ache tudo muito fácil.

O que acontece se você não vê a página-blip? Não há problema. Você não fracassou. Na verdade, você ainda pode ser um FotoLeitor muito eficiente. Simplesmente recorra a outro método para conseguir o FotoFoco: olhe para um livro aberto, bem no centro do vinco, expanda seu campo de visão de modo a ver os quatro cantos do livro. Amoleça o olhar de modo que as linhas impressas não fiquem em foco definido. Em vez disso, note as margens vazias e os espaços em branco entre os parágrafos. Imagine um "X" ligando os quatro cantos do livro. (Use esta técnica se você enxergar bem com apenas um dos olhos.)

Ao experimentar essas técnicas, vá com calma. Lembre-se, não adianta dar duro. Relaxar e perceber a sua experiência são os ingredientes básicos para o sucesso. Depois de brincar dois ou três minutos com seu sistema visual, simplesmente feche os olhos e descanse um pouco, antes de começar de novo.

Muitos desses exercícios podem ajudar a fortalecer e equilibrar seu sistema visual. Uma vez que todos os métodos de aperfeiçoamento ocular natural baseiam-se no relaxamento, é importante dar aos seus olhos a oportunidade de descansar.

O objetivo desses exercícos não é ter alucinações, mas ensinar você como fazer seus olhos divergirem. Conseguir os "olhos moles" e manter o FotoFoco ao FotoLer poderá levar algum tempo, mas tenha paciência.

A postura ideal para a FotoLeitura é sentar-se ereto, com o livro levantado mais ou menos 45 graus em relação à mesa (90 graus em relação aos seus olhos). O seu olhar passará pelo centro do livro, mas, no início, tudo bem se o olhar passar por cima do livro para conseguir enxergar a página-blip. Se no começo você não conseguir a página-blip, é melhor recorrer ao "X" ligando os quatro cantos do livro, em vez de se debater com a divergência.

5. Mantenha um estado constante enquanto folheia as páginas

No começo, os estados de aprendizagem acelerada e de FotoFoco podem ser frágeis. Distrações e pensamentos autocríticos podem perturbar a atenção, e você pode se sentir tentado a focalizar a página impressa do modo habitual. Se isto ocorrer, lembre-se simplesmente de que o propósito, neste momento, é conservar um estado ideal para a aprendizagem. Coloque a tangerina imaginária no topo da parte superior da cabeça (ver Capítulo 3) e procure novamente enxergar a página-blip.

Você pode utilizar duas técnicas adicionais para manter o seu estado ao FotoLer. Primeiro, mantenha a respiração profunda e regular. Segundo, recite ao ritmo da virada das páginas. Estas ações ocupam a sua mente consciente, mantendo-a livre de distrações enquanto sua mente não-consciente continua a FotoLer. Recitar — uma afirmação rítmica interna com palavras de apoio — é especialmente importante, porque concentra sua mente e bloqueia os pensamentos negativos que possam ocorrer.

Manter a constância desse estado tornará você capaz de percorrer as páginas com rapidez e eficiência. O ritmo constante é maravilhoso para manter o cérebro relaxado e aberto, enquanto você fotografa mentalmente as páginas.

Eis como manter o estado acelerado de aprendizagem ao FotoLer:

• Permaneça numa postura aberta. Descanse os pés no chão, e mantenha braços e pernas descruzados. Leia as bolinhas
• Mantenha a respiração profunda e regular.
• Folheie as páginas do livro num ritmo constante — uma página a cada um ou dois segundos. Enxergue cada página dupla com seus "olhos moles". Seu olhar contempla o centro do livro, notando a página-blip.

Se você não consegue enxergá-la, perceba os quatro cantos do livro, o espaço branco das páginas e o "X" imaginário ligando os quatro cantos.

• Recite ao ritmo das páginas virando. Uma folheada para cada grupo sonoro, enquanto você repete mentalmente a cantilena:
Re-laxe....Re-laxe...
Quatro-Três-Dois-Um.....
Re-laxe...Re-laxe...
Mantenha o estado... veja a página...

• Não se preocupe com as páginas que você pular. Esqueça-as. Você sempre pode voltar a elas numa segunda passada pelo livro.

• Continue recitando ao ritmo da virada das páginas. Deixe a mente consciente seguir as palavras que estão sendo recitadas.

• Abandone as distrações, e, com delicadeza, deixe a sua mente consciente voltar à atividade que está sendo realizada.

6. *Fechar o processo com a sensação de maestria*

Há uma tendência natural da mente consciente para questionar o que está se conseguindo com a FotoLeitura. Se você contar a alguém que acabou de FotoLer um livro em três minutos, a primeira pergunta é: "E o que você pode me dizer do livro?". Um comediante fazia piadas a respeito da leitura dinâmica: "Acabei de ler *Guerra e paz*. É sobre a Rússia".

Tal afirmativa simplesmente indica que você recebeu pouca ou nenhuma informação no nível consciente enquanto FotoLia — o que, em grande parte, é verdade. Infelizmente, indica também que nada foi obtido num nível mais profundo, não-consciente. E é fácil transformar isso numa profecia de auto-realização negativa. Frases do tipo "Não vou lembrar nada" ou "Isso não pode dar certo" atuam como solicitações à sua mente mais profunda para que esqueça o que conseguiu ao FotoLer. Se você fizer estas afirmações continuamente, verificará que elas se realizarão.

Para evitar essa situação, encerre sua sessão de FotoLeitura assumindo responsabilidade pelos seus pensamentos e preparando terreno para a ativação. Lembre-se de que a mente não-consciente não faz julgamentos acerca da informação que processa. Agora é hora da sua mente integrar a informação e deixá-la disponível para uso futuro.

Depois de FotoLer, a sua mente começa imediatamente a processar. Ela faz isso de forma espontânea, num nível interno, sob o limiar da consciência. A informação deixou uma impressão em sua mente interior, e será processada à medida em que você instruir sua mente com afirmativas.

As afirmativas que usamos em nossas aulas, incluem:
* Reconheço as sensações que recebi deste livro......e....
* Libero esta informação para ser processada pelo meu corpo e pela mente interior.
* Estou curioso para ver minha mente demonstrar de quantas maneiras esta informação está disponível para mim.

Sua resposta ao material FotoLido ocorre dentro de você. Essas afirmativas convidam sua mente interior a ajudar. É divertido reconhecer conscientemente as muitas maneiras de ter acesso à informação.

Se você quiser, pode imaginar uma ponte entre a sua mente interior e a mente consciente, pela qual flui a informação. Ao se soltar e relaxar ainda mais, você poderá notar com mais facilidade aquilo que flui para a sua percepção consciente.

É fácil juntar os seis passos básicos do procedimento de FotoLeitura. Não deixe que a simplicidade deles iluda você. Esta técnica pode ter um impacto profundo na sua vida.

Uma advertência fascinante

Com a FotoLeitura, você injeta poderosamente informação no seu sistema nervoso — é como beber água através de um hidrante. Esteja aberto, deixe-a ser digerida e absorvida num nível não-consciente. Para conseguir isso, relaxe e solte-se. Mas tome cuidado, há uma advertência que temos feito ao longo dos anos.

Certifique-se de que o último livro FotoLido antes de você ir dormir contenha informações de natureza positiva. Uma cliente no curso de FotoLeitura cometeu o erro de FotoLer *Guerra e paz* e *Os miseráveis* antes de deitar. Ela reclamou: "Fiquei me virando até as três da manhã, e tive uma das piores noites de sono da minha vida".

Durante o sono, a mente interior revisa a informação que foi absorvida abaixo do nível da percepção consciente. Estudos que remontam ao começo do século mostram que essa informação pode ter efeito significativo nos sonhos da pessoa. Já que isso vai acontecer, você pode muito bem se assegurar de FotoLer livros delicados para sua mente antes de dormir.

Agora você aprendeu os seis passos do processo de Foto-Leitura. São eles:
1. Preparar
2. Entrar no estado de aprendizagem acelerada.
3. Afirmar sua concentração, impacto e processo.
4. Entrar no estado de FotoFoco.
5. Manter um estado constante ao FotoLer.
6. Fechar.

Leia os números

Se você ainda não tentou, dedique alguns minutos para FotoLer este livro, ou, ao deitar-se à noite, FotoLeia algum outro livro positivo e estimulante.

Depois de se preparar, prever e FotoLer, você está pronto para trazer a informação que deseja para sua percepção consciente, como o Capítulo 6 ensinará a ativar.

Uma professora de inglês do colegial utilizou o sistema "whole mind" de FotoLeitura para preparar a matéria sobre Hemmingway, no curso de Literatura Americana. Ela FotoLeu todos os comentários sobre a obra de Hemmingway, além de todos os seus livros, inclusive os dois que o curso cobriria. Além disso, fez uma leitura rápida dos dois livros. Ela ficou surpresa com sua capacidade de ensinar. O conhecimento da matéria era recheado de ricos exemplos, proporcionando à classe uma profundidade que ultrapassava tudo que ela já havia ensinado. Chamou-lhe a atenção que o material era ativado espontaneamente durante as palestras.

Uma mãe FotoLia o dever de casa dos filhos para ajudá-los efetivamente em seus estudos.

Uma estudante de Direito fez o teste definitivo com o sistema "whole mind" de FotoLeitura. Durante o primeiro semestre, ela FotoLeu todas suas leituras obrigatórias e utilizava o sistema recomendado para ativar sempre que o tempo lhe permitisse. Manteve o tempo todo um desempenho brilhante, contribuiu em classe, conservou uma atitude relaxada e confiante, e tirou nota máxima nos exames dissertativos. Completou o exame em duas horas, quando o tempo permitido era de quatro. Durante o segundo semestre, voltou para seus velhos métodos de leitura e estudo, só para descobrir a diferença que efetivamente faz a FotoLeitura. Após duas semanas, desistiu do experimento, declarando que os velhos hábitos de estudo geravam mais trabalho, mais sofrimento e maior sensação de sobrecarga.

Um artista gráfico FotoLia rotineiramente livros de design. Ele dizia que assim aumentava sua capacidade criativa.

6

Passo 4: Ativar

Um professor universitário em Minnesota foi convidado para fazer uma palestra. A maior parte do que ele queria expor estava contida em dois livros, de modo que ele os FotoLeu antes de dormir, esperando ativá-los no dia seguinte.

Naquela noite, sonhou que estava dando a palestra. Ao acordar do sonho, pegou lápis e papel e rabiscou tudo que conseguiu se lembrar do sonho/palestra.

Na manhã seguinte, reviu as anotações do sonho e percebeu que a palestra estava completa, salvo algumas poucas transições que ele acrescentou. Mais tarde naquele dia, examinou os livros e descobriu que suas anotações continham todos os pontos relevantes necessários.

Eu adoro ouvir essas estórias sobre FotoLeitura. São grandes exemplos quando ocorrem. Para a maioria dos FotoLeitores principiantes, essas experiências são a exceção, não a regra. Você e eu temos que saber que podemos acessar conscientemente a informação obtida a partir do material que FotoLemos. Não podemos simplesmente ficar sentados esperando um sonho à noite que nos permita dar uma palestra diante de um grupo na manhã seguinte.

A ativação, o passo seguinte no sistema *"whole mind"* de FotoLeitura desenvolve a percepção consciente necessária para realizar o propósito. Através do processo de ativação, construímos sucessivos níveis de compreensão consciente. Começa-se ganhando consciência, que passa a ser familiaridade, até que, finalmente, atinge-se o conhecimento desejado.

Quatro níveis de compreensão:
1. Consciência
2. Familiaridade
3. Conhecimento
4. Maestria

Ativar após FotoLer é bem diferente de tentar lembrar o que foi lido de maneira regular. As técnicas de ativação são destinadas a reestimular as novas ligações neurais criadas pela FotoLeitura, em vez de tentar forçar uma lembrança através da mente consciente crítica/lógica.

Para conseguir uma compreensão consciente, é essencial ser ativo e determinado. Durante a ativação, você é atraído para o texto relevante para o seu propósito. Se você não tem propósito ao ler um documento, geralmente, o proveito que se tira da ativação é pequeno.

Há dois tipos de ativação: a ativação espontânea e a manual. A *ativação espontânea* ocorre sem esforço consciente da nossa parte. Talvez você já tenha tido aquela sensação do "clique!", quando um problema, que ocupou você durante semanas, se resolve repentinamente; ou quando consegue ver o rosto de um amigo na multidão; ou ainda, ao recordar-se do nome de alguém que você conheceu meses atrás.

Tal ativação constitui uma ligação automática com experiências passadas, com padrões neurais já existentes no seu cérebro. Há estímulos no nosso meio ambiente, dicas que não percebemos, que liberam espontaneamente uma torrente de associações prévias. A ativação espontânea dá uma sensação parecida com um lampejo criativo — algo súbito e inesperado.

Embora haja muitos relatos de ativação espontânea narrados pelos alunos dos cursos de FotoLeitura, eles ainda são a cereja em cima do sorvete, e não a entrada principal do sistema *"whole mind"* de FotoLeitura.

A *ativação manual* que descreveremos neste capítulo visa a uma ativação planejada. Ela emprega o próprio texto como catalisador para reestimular o cérebro, trazendo a informação necessária para a consciência.

Ao aprender a ativar, perceba o que você está sentindo, fazendo e pensando quando as sensações de consciência, familiaridade ou conhecimento vierem a ocorrer. Essa observação cuidadosa ajudará você a entender seus próprios sinais intuitivos e aprimorar sua habilidade de ativação.

Espere antes de ativar

O primeiro passo de ativação consciente é um ato de protelação criativa. É outro desses paradoxos: para absorver sua leitura, você precisa esquecê-la enquanto ela está incubando na sua mente. Espere pelo menos 20 minutos, ou se puder se dar ao luxo, uma noite inteira.

O conceito de esforço inicial seguido de um período de incubação e repouso é bastante conhecido de escritores, artistas, músicos e cientistas. O segredo é distinguir incubação de inatividade. A sua mente não-consciente nunca dorme. Ela está em atividade 24 horas por dia — enquanto você dorme, ela cria sonhos, gera soluções para os problemas difíceis no trabalho, conecta seus pensamentos correntes a uma vasta rede de conhecimento anterior, e assim por diante.

Deixe que o que você FotoLeu assuma seu lugar no cérebro, tornando-se parte da rede neural. A ativação dará então as coordenadas das associações que o cérebro construiu. Você faz as ligações conscientes, atende a suas necessidades e satisfaz seu propósito de ler.

Um instrutor de FotoLeitura me contou uma estória de como a sua mente consegue facilmente usar a ativação para atingir as metas de leitura. "Eu estava dando uma aula na cidade onde mora minha filha, quando uma participante leu um poema onde aparecia a palavra *serendipity**. Naquela noite, quis procurar o sentido da palavra na casa da minha filha. Entrei no gabinete dela e entrei em FotoFoco, perguntando-me: "O que há nesta sala que possa me ajudar?". Mal havia terminado de formular a pergunta, quando meu braço se estendeu na direção da prateleira e pegou um livro. Era um livro que minha filha tinha me pedido emprestado cinco meses antes. Na época, eu ainda não o tinha lido; então, antes de ceder o livro, passei cinco minutos FotoLendo-o, achando que jamais o veria novamente.

"Tudo me pareceu uma coincidência enorme, então, simplesmente deixei o livro aberto numa página. E ali, no canto inferior direito, estava a definição do *Webster's Dictionary* da palavra *serendipity*."

Obviamente, a mente não-consciente tem senso de humor. Que maneira melhor de explicar a palavra *serendipity* do que uma

---
* *Serendipity* significa a capacidade de fazer descobertas significativas por acaso. (N.T.)

experiência que retrate seu significado? O fato é que, se pedirmos, teremos.

Investigue a sua mente

Após um breve hiato, seja de 20 minutos ou de 24 horas, comece a ativar fazendo as seguintes perguntas: O que é importante para mim neste livro, artigo ou relatório? Quais são os pontos principais? O que existe que pode me ajudar? O que preciso saber para me sair bem no próximo teste, para escrever o meu relatório, para contribuir na próxima reunião etc.? Questões desse tipo desencadeiam uma investigação na sua mente profunda, abrindo um canal para as respostas que você deseja. Elas estimulam um senso de curiosidade, abrindo canais para o fluxo de informação. A investigação mental faz com que a mente interior encontre os melhores meios e caminhos para chegar à sua meta de compreensão.

Ao fazer perguntas a você mesmo, é importante que não espere resposta imediata. Esperar uma recordação instantânea nesta fase da ativação pode gerar frustrações. Ao tentar relembrar a informação após FotoLer, a mente consciente apenas pesquisa a memória recente. Não encontrando nada armazenado, a mente consciente tende a fechar o acesso aos vastos arquivos de dados da mente não-consciente. A investigação mental dá início ao processo de construir a compreensão. Você pode ficar aberto, mantendo-se curioso.

Outra técnica poderosa para investigação é discutir o que se leu. Uma vez que você começa a resumir um livro ou artigo, outras pessoas podem ficar curiosas. Freqüentemente, farão perguntas sobre a leitura — perguntas que incentivam você a articular os conceitos essenciais.

Ao formular perguntas, fazer listas ou discutir sobre o que leu, você estará fazendo uma convocação à sua mente não-consciente. Tais atividades desencadeiam uma busca pelos vastos arquivos de dados subjacentes à sua consciência cotidiana.

Faça perguntas a você mesmo num estado de *alerta relaxado*, confiante de que as respostas virão, e com curiosidade genuína. A ponte entre seus arquivos conscientes e pré-conscientes se torna mais sólida sempre que você investiga sua mente desta maneira.

Superler e imergir

Após investigar sua mente, pode ser que você queira saber mais a respeito do texto que está explorando. O que mais você quer saber? Em que parte do texto você pode procurar? Ao superler, passo consecutivo à ativação, você se move rapidamente pelo texto para recuperar as respostas que está buscando.

Primeiramente, você vai se dirigir às seções do texto que, de alguma forma, o atraíam, baseado no seu propósito de ler. Haverá "pistas visuais", ou pistas no material que lhe darão a sensação de que algumas seções são mais importantes do que outras. Essas pistas podem ser títulos de capítulos ou subtítulos que contenham alguma informação relevante.

Então inicie a superleitura, movendo rapidamente os olhos pelo centro de cada página na seção escolhida. Note as partes do texto que chamem mais a sua atenção pela importância. Nessas sentenças ou parágrafos você irá "imergir" no texto, lendo um pouquinho, até ter a sensação de que obteve o que queria daquela passagem. Aí volte a superler.

Em classe, muitas vezes, explicamos a superleitura com uma imagem tirada de um dos bastiões sagrados da literatura americana — as estórias em quadrinhos. Imagine que você é o Super-homem chegando à Terra pela primeira vez.

De uma altitude de 150 mil quilômetros, você vê a Terra como uma bola azul girando no espaço. Você define uma rota de vôo direto rumo ao planeta. A 15 mil quilômetros, você consegue começar a ver os contornos dos continentes. Você também percebe a grande parte do planeta coberta por água. Chegando mais perto, você nota a diversidade de superfícies de terra: desertos, florestas, pradarias e montanhas.

De repente, você é atraído por uma ilha verde e exuberante, com uma bela praia e uma magnífica vista do mar. Você aterriza, passa um tempo explorando o terreno e dá um mergulho rápido na água. Satisfeito, levanta vôo outra vez, procurando outro lugar para aterrizar.

Esta é uma metáfora perfeita para superler e imergir. A superleitura permite que você sobrevoe toda a paisagem impressa. Imergir permite aterrizar em partes do texto que sirvam diretamente ao seu propósito.

Como você sabe onde imergir? Basta seguir seus palpites. O seu cérebro foi exposto ao texto inteiro ao FotoLer, então deixe que os sinais internos na periferia da sua consciência sejam o seu guia. Não se preocupe em justificar sua decisão toda vez que você decidir aterrizar para uma imersão; esses sinais são pré-lógicos e pré-verbais. Eles provêm da sua mente não-consciente. Acompanhe-os e descubra aonde eles o conduzem.

Aliás, você pode usar a mesma técnica para localizar qualquer outra coisa, não só regiões do texto. Há muitas situações na vida nas quais você pode contar com a sabedoria da mente não-consciente.

Minha esposa, Libby, interessou-se por uma venda de espólio, em que havia uma sala cheia de livros. Ao entrar, cercada de prateleiras de livros do chão até o teto, ela entrou em Foto-Foco. Perguntou a si mesma: "Será que há por aqui algum livro antigo e raro que o Paul gostaria de ter?". Seus olhos se dirigiram num relance para um livro, do outro lado da sala, que ela se apressou em ir pegar. Era o livro perfeito para mim. Embora sua mente lhe dissesse que não havia outros, passou mais vinte minutos olhando todos os títulos, só para descobrir que sua mente estava certa: não havia outros.

Ao superler e imergir, siga seus sinais intuitivos acerca de onde olhar. Às vezes é simples como perceber para onde seus olhos estão dirigidos e escolher essa direção. Às vezes você vai descobrir que sua mão abre sozinha um livro na página exata. Preste atenção. Perceba os sinais que a sua mente lhe oferece.

Superler e imergir, como todos os passos no sistema *"whole mind"*, são estratégias para manter você ativo, questionador e vivo para o seu propósito. Você acaba tendo informação suficiente para decisões cruciais: Qual é a sentença ou parágrafo que resume o ponto essencial desse documento? Que parte do texto é relevante para o seu propósito? Você quer continuar a ler ou passar para outra fonte?

Ao imergir, você poderá sentir um problema comum. Há uma tendência, devida aos anos de escolaridade, de pensar que devemos imergir em tudo. Se isto acontecer, você estará lendo detalhes desnecessários, que não servem ao seu propósito. Por exemplo, você imerge para ler um exemplo que o autor está dando sobre determinado ponto importante. Isso faz sentido. Os parágrafos seguintes fornecem exemplos adicionais, porém redundantes. Se você imergir também nesses parágrafos, poderá ser perda de tempo. Se você perder muito tempo, ficará atolado em detalhes, se desviando de material mais importante.

Isso ocorre quando o velho paradigma de leitura põe a cabeça de fora. É possível que a sua mente consciente esteja numa viagem de culpa. Para alguns de nós, é como se a professora do segundo ou terceiro ano estivesse passando uma repreenda: "Pare! Você pulou uma palavra. Volte e repita com mais cuidado. Você não está lendo de verdade. Agora faça direito!".

Quando você captar esse tipo de sinal, agradeça a esse seu lado por se importar com você. Abandone a preocupação de estar perdendo coisas ao superler. A sua mente consciente, treinada na escola primária, quer que você leia, absorva, lembre e critique tudo. Mas, por mais de cinqüenta anos, peritos em leitura têm afirmado que esta é a pior maneira de ler. Tenha em mente que a compreensão vem em camadas. Cada vez que você superlê e imerge, você descasca mais uma camada de "não-saber", para revelar exatamente o que se necessita do núcleo do texto.

Confie na sua intuição e mergulhe quando se sentir fortemente compelido a fazê-lo. Se você imergir em informação desnecessária, recorde-se do seu propósito de leitura. Diga a você mesmo para olhar para o ponto onde se encontra essa informação e mergulhe ali.

Com um propósito firme, a sua vasta mente não-consciente está livre para usar o seu potencial natural e conduzi-lo à informação que você precisa. Você está jogando um jogo novo e as mensagens de medo e culpa da mente consciente só atrapalham.

Conforme salienta Frank Smith, em seu livro *Reading Without Nonsense:* o esforço para memorizar o conteúdo enquanto lemos só interfere na compreensão do texto. Leitores que em geral se preocupam com a possibilidade de esquecer detalhes ficam com a sua compreensão bloqueada.

Quando estiver em dúvida, lembre-se da estatística vital dada por Russell Stauffer em seu livro *Teaching Reading as a Thinking Process*. Ele alega que apenas de 4 a 11% do texto carregam o sentido essencial. De fato, há um jeito comum de testar a legibilidade de um texto para uma audiência particular: a cada cinco palavras, risque quatro. Então peça aos membros da audiência para ver se conseguem resumir de modo geral o assunto daquele trecho. Se o texto estiver escrito num nível de leitura apropriado, a maioria dos presentes será capaz de fazê-lo.

Eis aqui uma linha mestra para superler e imergir. Quando você parar de superler, limite sua imersão a um ou dois parágrafos de cada vez, em artigos, e a uma ou duas páginas, em livros. Voltando à analogia dos quadrinhos: assim como o Superhomem, você pode descer, curtir o cenário e mais tarde travar contato com os nativos. Neste momento o seu propósito primordial é continuar explorando o planeta, não é estabelecer-se na ilha e viver ali pelo resto dos seus dias.

No esquema do sistema *"whole mind"* de FotoLeitura, ao chegar à etapa de superler e imergir, o texto que você está lendo já se tornou seu amigo. Você está muito à vontade, numa conversa familiar com o autor, formulando perguntas ao superler e descobrindo respostas ao imergir. Este é um dos passos mais gostosos e divertidos do sistema de FotoLeitura.

Como FotoLeitor, você está numa cruzada em busca de idéias que possam ajudá-lo a resolver problemas e melhorar sua qualidade de vida. Trata-se de uma busca dramática, digna de qualquer herói ou heroína.

Ao tornar o superler e imergir parte da sua vida, você descobrirá meios de aplicar as técnicas em outras áreas, além da página escrita. Um joalheiro que freqüenta feiras especializadas anualmente, com intuito de comprar estoques de mercadoria, decidiu usar o sistema *"whole mind"* de FotoLeitura para conseguir seus objetivos numa feira.

Ele se postou numa das extremidades do pavilhão, para ter uma visão geral dos exibidores. "FotoLeu" o lugar inteiro, caminhando rapidamente por cada corredor em estado de FotoFoco. Manteve presente o tipo de pedras que estava procurando para completar seu estoque, e começou a "superler" enquanto caminhava por um corredor de cada vez. Sempre que recebia um sinal intuitivo para ir a um determinado estande, obedecia e "imergia" ali.

Seguindo esse método, conseguiu achar tudo que precisava em duas horas. Nos anos anteriores, com seu método antigo de vasculhar sistematicamente corredor por corredor, levava cinco dias para alcançar o mesmo resultado.

Ao integrar o sistema *"whole mind"* de FotoLeitura em sua vida, você fará automaticamente coisas como essa. Desta forma, a FotoLeitura torna-se uma ferramenta para múltiplos usos. Ela é mais do que uma técnica de coletar informação de livros.

Superler seguindo o trem do pensamento

Quando você superler e imergir, vá aos lugares que mais compensem. Na oitava série escolar, o seu cérebro já está bem treinado para saber aonde ir num texto. Ele já tem prática de procurar pistas que conduzam a algum sentido.

Por exemplo, o seu cérebro sabe que o alfabeto tem mais pistas visuais na parte superior das letras do que na parte inferior. Dê uma olhada nos seguintes exemplos:

Você percebe o que eu quero dizer com pistas visuais?
Você acha esta mais fácil ou mais difícil?

Percebe? É mais fácil descobrir o sentido quando se vê a metade superior das palavras. Da mesma forma, há mais pistas de significado na sentença do parágrafo que contém o tema, do que nas outras. E, num grupo de cinco parágrafos, há mais pistas no primeiro e no último.

Ao ativar um livro ou artigo, procure as pistas que lhe forneçam o máximo de significado. Olhe para a estrutura do trecho escrito e determine o esquema que o autor usa para escrever. Aí, passe a superler e imergir para seguir o esquema do autor.

Eis o que eu quero dizer. Talvez você saiba que o autor primeiro descreve um problema, para depois explicar como resolvê-lo. Digamos que você queira saber os passos do autor para resolver o problema. Pelo fato de entender o esquema do autor, você pode pular o que não precisa e passar rapidamente para o ponto onde deve imergir e alcançar seu objetivo.

Chamamos isso de "seguir o trem de pensamento do autor". No curso de FotoLeitura uso uma imagem para ilustrar o que digo:

• Os problemas que o autor aborda conduzem o trem.

• O principal argumento sobre a origem dos problemas é a "carga" mais importante no fluxo de informação. Essa carga é constituída de certas proposições que o autor está tentando vender, sendo composta de termos-chave.

• As soluções emergem para sugerir formas de resolver os problemas.

O trem do pensamento é um esquema usado pelos autores para apresentar a informação. Descubra outras estruturas em livros ou artigos. Essas estruturas informativas mostram a você onde superler e onde imergir para obter rapidamente a informação de que necessita.

Mais uma coisa acerca de superler e imergir: embora essas estratégias possam parecer leitura dinâmica convencional, não são. Superler e imergir têm lugar após FotoLer. Além disso, o objetivo não é memorizar o material ou deixá-lo todo à disposição da mente consciente. Em vez disso, superler e imergir ajudam você a perceber a estrutura, reter a informação essencial, classificar o material de forma significativa, e construir um resumo mental. O resultado é um aumento na absorção do material e na retenção do mesmo a longo prazo.

Criar um mapa mental

Um dia, olhando uma caixa cheia de material da minha época de escola, descobri um maravilhoso contraste entre dois tipos de anotações escolares. Um deles era a anotação tradicional e linear de tudo que o professor dizia — uma série interminável de garranchos ininteligíveis. Lembro-me de ter tentado decifrar essas notas ao pesquisar os textos; que tarefa insana!

O segundo tipo de anotações era um conjunto supervisual de diagramas coloridos, chamados "mapas mentais". Elas me lembraram de como era gostoso criar e rever a informação dada em aula. Ao revê-las, me senti inundado por uma enchente de detalhes vívidos. Fazer mapas mentais foi uma experiência que transformou para sempre a minha vivência de sala de aula.

Os mapas mentais são rápidos, eficientes e promovem a retenção a longo prazo. É um jeito excelente de ativar e sintetizar informação depois de superler e imergir.

A seguir, um mapa que resume os cinco passos do sistema *"whole mind"* de FotoLeitura.

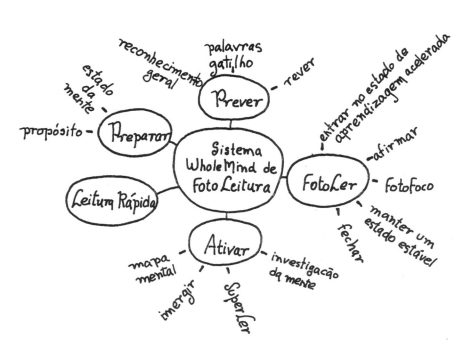

Depois de olhar alguns mapas mentais, você poderá deduzir as linhas básicas desse sistema:

Leia as bolinhas

- Coloque o núcleo do conceito no centro da página.
- Escreva os conceitos de apoio a partir de linhas radiais ao centro.
- Utilize apenas termos-chave — com freqüência serão as palavras-gatilho identificadas na etapa de Prever. Exprima cada conceito no máximo em três palavras.
- Inclua elementos visuais — desenhos, imagens, símbolos, ícones — sempre que lhe parecer apropriado.
- Acrescente cor ao mapa. No mapa mental acima, por exemplo, todas as palavras referentes ao Passo 1 podem ser escritas numa cor, as referentes ao Passo 2, noutra cor, e assim por diante.

Dois dos melhores livros sobre elaboração de mapas mentais explicam essa técnica mais detalhadamente. São eles *Use Both Sides of Your Brain*, de Tony Buzan, e *Mind Mapping*, de Joyce Wycoff.

Ao criar mapas mentais, talvez você julgue proveitoso usar folhas de papel maiores do que as folhas comuns tamanho ofício. Se você acabar usando papel padrão, pelo menos vire-o, de modo a trabalhar na horizontal. A maioria das pessoas acha que assim há mais espaço para registrar as idéias.

Mapas mentais são uma coisa extremamente pessoal. Os seus mapas serão diferentes de todos os outros, mesmo que todos estejam tomando nota do mesmo assunto. É assim mesmo. O ideal é o seu mapa mental refletir a sua experiência. As imagens e associações que estimulam a sua memória a longo prazo são exclusivamente suas.

A seguir, outro mapa mental do sistema *"whole mind"* de leitura, ilustrando um formato diferente:

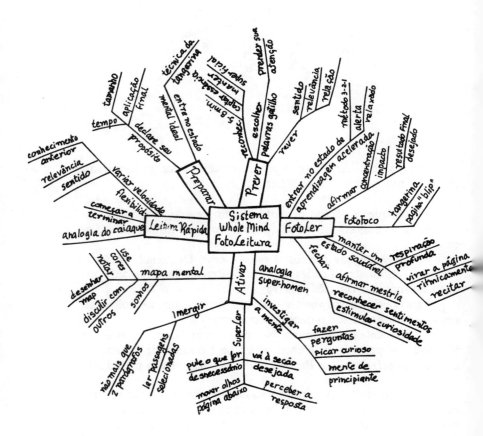

Mesmo que no começo você se sinta desajeitado, brinque fazendo mapas mentais como exercício de ativação. A criação de mapas mentais utiliza a memória visual e a inteligência espacial, de modo que acessa os centros de memória mais potentes do cérebro. E, ainda mais, os mapas mentais espelham a forma como a sua mente funciona — unindo idéias em rede e não por associação linear. Talvez por esta razão seja tão fácil encarar com naturalidade os mapas mentais.

Adquirir uma nova experiência de memória

Este livro é sobre sua mudança de paradigma de leitura como um todo. Para ajudar no processo, devemos considerar o papel da memória.

Nos últimos anos, tenho me sentido fascinado pelo trabalho de Gerald Edelman, um neurologista ganhador do prêmio Nobel e autor das obras *The Remembered Present* e *Bright Air, Brilliant Fire*. As idéias de Edelman proporcionam a explicação mais convincente que já conheci sobre o que pode estar ocorrendo quando ativamos o material que FotoLemos.

A teoria de Edelman alega que as memórias não ficam armazenadas de forma localizada no cérebro, mas são reinventadas cada vez que as acessamos. O que sucede quando lembramos é que criamos um contexto mental para determinada idéia, gerando importantes sinais ou bits de informação correlata para que ela re-entre, e siga as "trilhas" abertas pela vivência anterior. Quando há sinais suficientes e os caminhos neurais corretos são estimulados, as idéias e imagens que queremos "lembrar" não são recuperadas da armazenagem, mas recriadas naquele mesmo instante.

Aplicando esta visão à FotoLeitura e ao estágio de ativação, começamos a entender o que pode estar se passando para produzir resultados tão extraordinários. Ao FotoLermos, o cérebro processa o material escrito de forma mais fisiológica do que cognitiva. Essa exposição física ao cérebro abre redes neurais dentro dele capazes de produzir conexões mentais posteriores.

O resultado é maior velocidade, familiaridade e facilidade de compreensão. Você poderá fazer contato com a informação mais importante quase instantaneamente, em vez de tentar elaborá-la enquanto lê. Não precisará perder horas sobre um livro, para obter a informação que deseja.

É como colocar trilhos de uma estrada-de-ferro para o trem passar depois. A FotoLeitura representa os trilhos. Quando ativamos o material, recuperamos a informação original por meio da superleitura e da imersão, e a mente consciente segue os trilhos rumo à compreensão total.

Admito que não posso fazer justiça suficiente à teoria de Edelman em alguns poucos parágrafos. É muito mais importante que você vivencie o processo do que eu tentar explicá-lo. As técnicas de ativação, que consistem em investigar, superler, imergir e criar mapas mentais, são os portões que conduzem a essa vivência.

Leia as bolinhas

Fazendo uma revisão das idéias deste capítulo, você aprendeu:

- Há dois tipos de ativação: espontânea e manual. Este livro se preocupa com a ativação manual.
- Um propósito claro é essencial para o processo de ativação.
- Antes de ativar, é melhor esperar um tempo — no mínimo 20 minutos, mas o ideal são 24 horas.
- Investigar a mente, o primeiro passo da ativação, significa fazer perguntas que você deseja responder.
- Superler e imergir significam passar rapidamente por partes do texto pelas quais você se sente atraído, e ler passagens selecionadas que respondam às suas perguntas.
- Entender o esquema ou estrutura do autor ajuda a orientar a superleitura e a imersão.
- Criar mapas mentais é um jeito altamente visual e espacial de tomar nota. Ajuda a ativar materiais, porque utiliza a totalidade da mente.
- A ativação estimula o cérebro, porque dá pistas para as associações que ele construiu. Como resultado, você faz contato consciente, atende suas necessidades e satisfaz seu propósito de leitura.

O passo final do sistema *"whole mind"* de FotoLeitura é a Leitura Rápida, que será apresentada no Capítulo 7.

7

Passo 5: Leitura rápida

Durante as aulas de FotoLeitura, depois de preparar, prever, FotoLer, superler e imergir num livro, faço a seguinte pergunta aos participantes: "Quantos de vocês ainda gostariam de tirar mais alguma coisa deste livro?". Geralmente 40% ergue as mãos. Então pergunto: "Especificamente o que você gostaria de tirar do livro?".

Vários alunos respondem a esta pergunta com precisão. Eles sabem exatamente a parte do livro que eles querem estudar mais detalhadamente. Para eles, o passo seguinte é uma superleitura adicional, acompanhada de imersão para completar o objetivo.

Outros encolhem os ombros e dizem: "Não sei, só sei que quero mais". Esse "mais" inespecífico assinala o passo final do sistema: a leitura rápida. A opção de ler rápido é feita quando você sabe que quer algo mais do texto, e a exatidão do processo de superler e imergir não vai lhe acrescentar muita coisa.

A leitura rápida é similar à leitura acelerada convencional, com duas diferenças significativas. Primeira, a leitura rápida vem depois de todos os outros passos do sistema *"whole mind"* de FotoLeitura. Segunda, a velocidade da leitura rápida é extremamente flexível.

Para ler rápido, passe agilmente pelo texto, dedicando o tempo que for necessário. Vá do começo ao fim sem parar. Sinta-se livre para variar a velocidade, dependendo da complexidade e importância de um trecho particular.

Você lerá mais depressa quando:

• Já tiver lido o parágrafo ou a página durante um dos passos anteriores. Passe correndo pelo trecho.

• Reconhecer que a informação é simplista ou redundante. Já tendo compreendido, passe correndo com velocidade de superleitura.

• Perceber logo que o trecho não é importante para seu propósito, de modo que pode passar por ele com velocidade de FotoLeitura; mantenha a intuição ligada e diminua o ritmo quando ela lhe disser para verificar algo com mais calma.

Você lerá mais devagar quando:

• Perceber no texto informação nova, que não lhe seja familiar.

• Notar a existência de informação mais complexa, que exija consideração cuidadosa.

• Reconhecer uma passagem extremamente importante, a ser explorada com maior detalhe.

O resultado final é que você se move com velocidade variável ao longo do texto: às vezes mais depressa, às vezes mais devagar, dependendo da importância, complexidade e conhecimento anterior da informação.

Um ponto essencial na leitura rápida é que você se move continuamente. Nunca interrompa para brigar com informação difícil. É comum parar quando não se entende completamente o que se está lendo. Isso é parte do modelo antigo. Em lugar disso, continue lendo.

Se você pára e tenta brigar com o que não sabe, pode se desviar do caminho e nunca terminar a viagem. Se você simplesmente for adiante, logo surgirá uma informação compreensível — e você descobrirá indícios no texto para responder perguntas que o bloquearam anteriormente. Fique *alerta e relaxado* enquanto lê rápido, e você continuará obtendo a informação que deseja — informação diretamente relacionada com seu propósito.

Superler ou ler rápido?

Uma pergunta comum é: qual é a diferença entre ler rápido e superler? À primeira vista, os dois passos parecem semelhantes. A leitura rápida, porém, acompanha diretamente o texto, do começo ao fim. A superleitura, um passo na etapa de ativação, procura selecionar partes do texto pelas quais você se sinta atraído, e desliza suavemente pelo centro da página.

Você pode reduzir a velocidade da leitura rápida até chegar a um ritmo de leitura convencional; isto poderá ocorrer, por exemplo, caso você tenha que compreender um desenho técnico ou uma fórmula matemática; ou ainda para saborear uma estrofe poética. Por outro lado, superler significa manter agilidade e imergir no texto a qualquer momento; não há necessidade de passar pelas páginas em seqüência.

A superleitura foi comparada com as atitudes do Superhomem vasculhando a Terra vista do espaço, decidindo aterrizar em certos continentes. Precisamos de outra analogia para a leitura rápida — é como fazer uma viagem de caiaque rio abaixo. Às vezes você aderna em corredeiras de espuma, depois rema preguiçosamente em águas plácidas. E, depois, talvez venham novas corredeiras. A questão é que devemos ficar ativos e alerta, e a nossa velocidade varia conforme o material que estamos cobrindo.

Nem sempre a leitura rápida é necessária. Às vezes, prever, FotoLer e ativar são passos mais do que suficientes para alcançar o resultado desejado. No mundo dos negócios, muita gente nunca chega a usar a leitura rápida. Ao ler informações relativas à área profissional, tais como manuais e relatórios, a meta já é alcançada com os outros passos do sistema.

Estudantes com seus livros-texto e pessoas que lêem por prazer, freqüentemente utilizam a leitura rápida porque ela proporciona maior campo de exploração para a mente consciente.

FotoLeitores que tenham prazer em ler novelas, romances, farão uso do passo de prever, para em seguida FotoLer, e passar direto para a leitura rápida, pulando totalmente os passos de ativação. Brinque com as deliciosas opções que o sistema *"whole mind"* de FotoLeitura lhe oferece. Você achará o melhor caminho para chegar ao seu objetivo de leitura.

Como provar que o sistema funciona para você

A técnica de leitura rápida cumpre um papel tranqüilizador, porque constrói um entendimento consciente e pleno do material estudado. Tal como as técnicas de ativação manual do capítulo anterior, a leitura rápida trabalha basicamente com a mente consciente.

Ao atingir suas metas de leitura utilizando o sistema *"whole mind"* de FotoLeitura, você poderia se perguntar qual dos passos é o maior responsável pelo seu sucesso. É fácil presumir que as técnicas envolvendo a mente consciente são as que mais contribuem, porque ao usá-las você adquire compreensão consciente. Pode ser difícil aceitar que os passos não-conscientes da FotoLeitura tenham tido alguma participação.

O sistema funciona porque é um sistema *"whole mind"*, integral, com a totalidade da mente. Tanto a mente consciente quanto a não-consciente participam. De qualquer maneira, aprecie os benefícios conscientes. Ao mesmo tempo, não deixe de perceber outros efeitos positivos em sua vida, que podem ser atribuídos ao reino da mente interior.

As demonstrações mais surpreendentes do passo de Foto-Leitura costumam surgir como manifestações de ativação espontânea. Narrativas a esse respeito, feitas por alunos de FotoLeitura, constituem um incentivo admirável para os iniciantes. Todas essas narrativas têm características similares.

As estórias são mais ou menos assim: "Eu estava querendo ou precisando de uma informação, e ela simplesmente apareceu. Eu nem sequer estava tentando me lembrar. Aconteceu e pronto! A informação surgiu do nada, materializou-se na minha cabeça, não porque eu estivesse tentando lembrar, mas como se fosse por acaso".

A experiência do "clique" na ativação espontânea constitui um exemplo convincente. Para muita gente, tem sido a prova definitiva de que o passo de FotoLeitura funciona. O paradoxo é: como se pode planejar uma experiência espontânea? É claro que não é possível, porque ela tem que ser espontânea.

Em vez de depender do acaso, ou seja, experiências de ativação espontânea, há outras maneiras de testar o sistema. Desde os meus estudos iniciais sobre FotoLeitura, tenho tido evidências muito fortes do seu funcionamento. Algumas dessas evidências eram provenientes da ativação espontânea, mas a maioria provinha das técnicas de ativação manual.

Durante o primeiro ano do meu curso de pós-graduação, eu ainda não contava com o sistema *"whole mind"* de FotoLeitura. Nos dezoito meses seguintes, passei a usar a FotoLeitura em tudo. A diferença foi enorme. Eu me sentia a par de todo e qualquer assunto, completava com facilidade as pesquisas de texto e os relatórios. A pressão para conseguir acompanhar os estudos, sumiu.

Desde os primórdios da FotoLeitura, tenho percebido consistentemente que as melhores demonstrações do funcionamento da FotoLeitura ocorrem no contexto escolar. Por quê? Porque os alunos utilizam e testam o sistema o tempo todo, tanto objetiva quanto subjetivamente.

Se você não está na escola, é claro que precisa estabelecer seus próprios critérios de avaliação. Eu quero que você tenha uma experiência convincente com a FotoLeitura. Eis algumas maneiras de você se testar:

• Durante uma semana, FotoLeia tudo e ative qualquer coisa que sentir necessidade de entender conscientemente. Na semana seguinte, volte ao seu jeito habitual de ler. Você decide qual das duas semanas foi mais produtiva.

• Se você for à casa de um amigo e descobrir um livro que ele leu recentemente, pergunte se a leitura valeu a pena e quanto tempo ele levou. Peça o livro emprestado e gaste um décimo do tempo, utilizando os cinco passos do sistema *"whole mind"* de FotoLeitura. Então, marque um papo com seu amigo e discutam o livro, sem você mencionar que está fazendo seu próprio teste. Depois, deixe seu amigo decidir se você entendeu o livro.

• Antes de uma reunião de negócios, preveja e FotoLeia cinco livros relacionados com o assunto a ser discutido na reunião. Depois conclua se a sua participação foi de alguma forma especial.

Todos esses "testes" são fáceis, apresentam pouco risco e exploram o uso do sistema *"whole mind"* de FotoLeitura. Brinque com os testes e tenha você mesmo uma demonstração convincente.

Você não precisa parar aqui. Há muitas formas de ampliar os passos apresentados até aqui. Use as sugestões dos próximos capítulos para descobrir maiores aplicações da FotoLeitura. Faça dela uma prática cotidiana para todas as suas necessidades de leitura.

Um advogado descobriu-se desafiando um perito que servia de testemunha em um processo, sem ter uma noção clara do porquê de suas perguntas. O motivo se tornando óbvio à medida que o depoimento do perito ia se desenrolando. Na noite anterior, o advogado tinha FotoLido livros contendo fatos que contradiziam a opinião da testemunha. Em nível consciente, o advogado não sabia os fatos. Em nível não-consciente, sua mente lhe fornecera orientação para atingir seu objetivo.

Um empresário não conseguia entender o conselho de seus consultores jurídicos. Foi a uma livraria e FotoLeu diversos livros sobre o assunto. Quando ia saindo, teve um insight *que o fez voltar. Pegou um livro na estante e, intuitivamente, abriu-o em uma página em que havia uma explicação claríssima sobre o conselho de seus consultores.*

Uma empresária precisou aprender francês. Durante algumas semanas leu repetidas vezes o dicionário inglês/francês, antes de assistir as aulas na escola Berliz, em Bruxelas. Todas as noites, após a aula, lia as apostilas do curso e o dicionário. Dentro de três dias passou para o segundo livro. Os administradores da escola lhe disseram que seu desempenho foi duas vezes e meia melhor do que o melhor aluno até então.

Um técnico de futebol americano FotoLia repetidamente livros sobre esporte, antes do início de cada campeonato. Descobriu que durante os jogos era capaz de predizer a estratégia ofensiva do adversário e responder com o jogo defensivo adequado. Sua rapidez de pensamento e agilidade mental melhoraram drasticamente.

Um principiante FotoLeu dez livros por dia durante várias semanas. Ele sabia que o modo de dominar o sistema era repeti-lo ao máximo, para que o processo se tornasse uma segunda natureza. Certa manhã, FotoLeu um livro sobre a relação entre a física quântica e o cérebro. Naquela tarde, enquanto assistia um monótono jogo de futebol, elaborou espontaneamente pensamentos, idéias, conceitos, princípios e teorias sobre física. Alguns dias depois, contou a experiência aos colegas, um dos quais era perito na matéria. Depois de interrogar o amigo, o expert em física disse que o FotoLeitor, como leigo, sabia muita coisa sobre o tema.
O FotoLeitor tinha certeza de que, se voltasse ao livro e o ativasse, facilmente obteria conhecimento adicional já que a FotoLeitura lhe dera uma sólida base de compreensão.

Uma professora universitária FotoLeu a biblioteca de seu gabinete. Certo dia, ao preparar um importante trabalho, sua mente ativou espontaneamente a informação de que necessitava. Ela estava sentada no gabinete, diante das estantes de livros, quando fechou os olhos. Imaginou, por trás das pálpebras cerradas, que seis livros tinham um pontinho vermelho e estavam ligados por linhas vermelhas. Abriu depressa os olhos, olhou para os livros que havia imaginado, e tirou-os da estante. Ao abri-los, descobriu que sua mente estabelecera a ligação ideal entre as fontes de informação para a sua tese. Ela jamais imaginara, antes, que aqueles seis livros pudessem ter qualquer correlação.

Um funcionário dos correios lançava os códigos postais no computador em estado de aprendizagem acelerada. Dizia que assim ficava mais relaxado e cometia menos erros.

Um escritor de contos de mistério FotoLeu dezenas de livros sobre o tema para assimilar estilos, técnicas, diálogos, descrições etc. Imediatamente, começou a escrever com mais fluência. E passou a mandar ao seu editor a primeira ou a segunda versão da estória, em vez da quinta ou sexta, como fazia antes.

O diretor técnico do departamento de realidade virtual de uma empresa de supercomputadores FotoLeu toda a literatura que pôde encontrar sobre sua indústria. Desde então, tornou-se um autor exuberante, apresentando trabalhos profissionais em congressos por todo o país. E recebeu intensa aclamação profissional de seus colegas.

Um engenheiro elétrico em uma grande empresa descobriu-se contribuindo significativamente em uma reunião — na verdade, liderando o grupo — sobre um assunto em que quase não tinha experiência. Ficou surpreso com seu óbvio domínio da matéria. Ao voltar para o escritório perguntou-se de onde teria vindo o súbito influxo de sabedoria. Então, percebeu uma pilha de revistas profissionais em sua prateleira, revistas que tinha FotoLido recentemente. É claro, o último número da revista continha uma profunda análise do tema.

Terceira Parte:

Desenvolva e integre suas habilidades

8

Dicas para tornar a FotoLeitura parte do seu cotidiano

Agora que você travou contato com os passos do sistema *"whole mind"* de FotoLeitura, com certeza já pode aplicá-los a este livro mesmo, se é que não o fez até agora. Eis minhas sugestões sobre como proceder.
• Você sabe que este livro pode ajudá-lo muito em seus objetivos de vida, portanto, estabeleça um propósito claro para lê-lo. Em seguida, entre no estado mental ideal.
• Preveja o livro durante cinco minutos, prestando atenção às palavras-gatilho.
• FotoLeia o livro, seguindo os passos do procedimento exposto no Capítulo 5. Você pode FotoLer este livro em menos de três minutos, virando uma página a cada dois segundos. Quando terminar, faça a você mesmo as afirmativas de fechamento e relaxe por alguns instantes.
• O ideal é que você possa se levantar e fazer um breve intervalo. Aí volte para ativar.
• Ative o material, utilizando a investigação mental, a superleitura e a imersão. Concentre-se em superler e imergir nos capítulos restantes do livro. Não demore mais do que 10 minutos nesse processo. Aí, pegue uma folha e faça um mapa mental para o livro inteiro; esta será a maneira de resumir tudo o que você obteve superlendo e imergindo.
• Faça uma pausa para rever quanta informação você absorveu durante a ativação. Dedique alguns momentos para afirmar sua capacidade de aplicar essas estratégias de leitura avançada em sua vida diária. Ao fazê-lo, você estará tomando medidas capazes de mudar para sempre seu modo de ler.

• Termine a sessão fazendo uma leitura rápida da última parte do livro. Eu tinha dito que a leitura rápida começa no início do livro e segue ininterrupta até o final. Estou presumindo que você já tenha lido até aqui. Essa é a sua oportunidade de descobrir o quanto a velocidade da sua leitura aumentou, usando as habilidades que aprendeu.

Integrando suas habilidades

Você já nasce com o potencial de FotoLer. Porém, não nasce com todas as habilidades do sistema *"whole mind"* intactas e prontas para usar. O sistema é um conjunto de práticas aprendidas, e é necessário integrá-las antes que se tornem uma segunda natureza para você.

FotoLer e os outros passos do sistema são aprendidos como qualquer outra prática — desde tocar piano até usar um computador pessoal. Para transformar uma prática recém-aprendida num hábito, existe uma estratégia; ela foi desenvolvida por David W. Johnson, da Universidade de Minnesota, e Frank P. Johnson da Universidade de Maryland. Tenho aplicado a abordagem deles para as práticas do sistema *"whole mind"* de FotoLeitura:

• **Entenda por que essas habilidades são importantes e o valor que têm para você.** Para aprender, é preciso sentir necessidade disso.

• **Entenda o resultado do uso dessas habilidades e domine os comportamentos que compõem o sistema.** Por exemplo, a habilidade de dirigir um carro resulta em conseguir chegar são e salvo onde se deseja ir. A prática como um todo consiste em muitos comportamentos particulares, como ligar o carro, checar o retrovisor, dar seta ao fazer uma conversão, virar o volante, acelerar e acionar os freios.

Muitas vezes, é útil observar alguém que já tenha prática. Peça a essa pessoa que descreva passo a passo a seqüência dos comportamentos.

• **Encontre situações onde você possa utilizar suas habilidades.** Para ter domínio sobre determinada prática, use-a o máximo que puder. Faça uso dessa habilidade um pouco cada dia, até ter certeza de que tem domínio sobre ela.

• **Peça que alguém observe você e diga como está seu desempenho.** É necessário ter *feedback* para manter-se no rumo certo. Nas aulas de FotoLeitura, guiamos o aluno a FotoLer cinco ou seis livros, e, depois, fazemos "jogos de reconhecimento" e vários exercícios de ativação. Tudo isso proporciona excelente oportunidade de *feedback*.

- **Seja persistente.** Continue fazendo! Há um ritmo para aprender novas habilidades: um período de aprendizado lento, seguido de um período de melhora rápida, e, depois, um período em que o desempenho permanece o mesmo. Esses diversos platôs são muito comuns ao se aprender uma prática nova. Se você sentir que se estabilizou, continue praticando e lembre-se de que um novo período de crescimento rápido está por vir.

- **Acumule seu conhecimento para um êxito maior.** À medida que você amplia sua capacidade, adicione refinamentos fáceis de dominar. Por exemplo, aumente o número de palavras-gatilho ao prever um livro, sem aumentar o tempo.

- **Peça aos amigos que o incentivem a usar sua habilidade.** Quando se participa de um curso de FotoLeitura, tem-se a possibilidade de trocar apoio com os outros alunos. A melhor rede de apoio que você poderá encontrar para o uso da FotoLeitura são os colegas de curso.

- **Utilize a prática até senti-la real.** Quanto mais você praticar, mais natural a habilidade se tornará. Ao aprender uma prática nova, muitas vezes você pode sentir-se constrangido ou desajeitado. Pode parecer uma mera repetição mecânica de procedimentos. Isso é normal, de modo que não deixe que o impeça de dominar a sua habilidade. Será que as pessoas aprendem a datilografar praticando só quando sentem a datilografia natural? Claro que não. É só usando as técnicas e superando a falta de jeito inicial que conseguimos dominar aquela habilidade.

Em resumo, cabe a você aplicar as técnicas apresentadas neste livro; e aplicá-las de modo a alcançar seus objetivos. Se você quiser dominar a leitura *"whole mind"*, siga estas três sugestões: use, use e use.

Evite criar uma "hora de prática" artificial. Ela pode virar uma hora de tédio. Você tem leitura de sobra durante o dia. Use o sistema! Talvez você até considere a possibilidade de se inscrever num curso de FotoLeitura. Entrementes, mergulhe nas pilhas de livros à sua volta que estão esperando a vez de serem lidos.

*Utilize o sistema "*whole mind*" de FotoLeitura em todos os tipos de material*

A leitura *"whole mind"* pode acomodar todos os tipos de material impresso. Isto inclui relatórios, memorandos, novelas, livros-texto, manuais técnicos, apostilas — quaisquer documentos encontrados no dia-a-dia. Ao trabalhar com esses materiais, sinta-se livre para adaptar as estratégias do sistema.

Ao ler uma novela, por exemplo, talvez você queira utilizar alguns dos passos e desconsiderar outros. Algumas pessoas gostam de ler, tanto ou mais do que ir ao cinema. Descobri que, envolvendo a minha mente inteira, ler uma novela é mais excitante do que ver um filme.

Como de hábito, preparo-me fixando minha atenção e entrando no estado de aprendizagem. A seguir, prevejo a estória, procurando nomes de pessoas, lugares e coisas significativas. Aí FotoLeio o livro, o que não vai estragar o final.

Então, após FotoLer, faço uma leitura rápida. Aqui, acho que o passo de ativação (inclusive superler e imergir) é menos importante para o meu prazer com o livro.

Para outros documentos — como livros-texto ou manuais técnicos — o começo ideal é prever, seguido de Fotoler. Dependendo da quantidade de conteúdo que você deseja relembrar no nível consciente, utilize superleitura e imersão. Pode ser que você opte por nem empregar a leitura rápida.

Muitas vezes, artigos curtos em revistas dispensam a FotoLeitura em si, bastando prever, superler e imergir. A melhor forma de tratar memorandos e cartas pode ser prever, seguido de leitura rápida superconcentrada, sem regressões.

Usado desta maneira, o sistema *"whole mind"* de FotoLeitura reduzirá significativamente o tempo gasto nas leituras rotineiras. Eis aqui **cinco estratégias instantâneas para administração do seu tempo:**

1. Estabeleça a prioridade de suas leituras. Divida seu material impresso em três níveis de prioridade: "A" para matérias urgentes; "B" para assuntos importantes, mas não urgentes; e "C" para assuntos que possam ser deixados de lado. Comece usando o sistema *"whole mind"* de FotoLeitura nos itens de prioridade "A".

2. Manuseie os papéis apenas uma vez. Decida como abordar cada folha de material logo da primeira vez que ler. Aplique imediatamente a sua decisão nas cartas e memorandos.

3. Sempre leve material de leitura com você. Use os tempos de espera para ler. Você ficará surpreso com o volume que pode ser lido entre os cinco ou dez minutos que separam dois compromissos.

4. Preveja tudo que é importante. Mesmo que não faça nada com certo documento, dedique cerca de 30 segundos para prevê-lo.

5. Use o sistema *"whole mind"* de FotoLeitura em toda e qualquer oportunidade. FotoLeia tudo que lhe cair nas mãos. Quando você receber sua revista semanal ou uma publicação comercial, FotoLeia. Dedique um instante para entrar no estado mental ideal e folheie as páginas com os olhos em FotoFoco. Mesmo se você não ativar, a simples exposição ao material pode ser útil no futuro.

Estude com a mente inteira

O sistema de FotoLeitura com a sua mente total pode gerar, naturalmente, uma estratégia perfeita para todo um semestre de leitura. Imagine prever e FotoLer todos os livros do semestre, logo após o primeiro dia de aula. Durante a noite, no estado de sonho, o material é revisto e organizado de acordo com seu propósito e suas necessidades.

Cada aula assistida torna-se uma sessão natural de ativação. Faça um mapa mental de suas anotações, para obter uma revisão instantânea de toda a aula. Quando tiver uma tarefa que envolva nova leitura, preveja e FotoLeia os capítulos. Assista a aula para ativá-los, aí superleia e imerja para cobrir tudo que deseja estudar.

Antes das provas, FotoLeia a matéria, para entrar num estado de fluir, e então leia rápido as partes mais importantes para a prova. Antes de redigir relatórios, utilize a superleitura e a imersão para absorver os conceitos essenciais, e, em seguida, faça um mapa mental da primeira versão do relatório.

Você ficará admirado com a sua facilidade e prazer de estudar. Uma FotoLeitora, aluna de um curso de humanas na faculdade, precisava ler nove livros durante o semestre. Um dos livros tinha mais de 600 páginas. Ela investiu menos de 30 minutos de leitura nesse livro para escrever um trabalho sobre ele e tirou "A". Tirou "A" também no semestre inteiro, alegando ter gasto menos de duas horas para ler toda a literatura recomendada.

Se duvida, experimente você mesmo. Faça experiência com o seguinte procedimento ao ler livros-texto. A idéia é estudar em blocos de 30 minutos, que contenham preparação mental e intervalos físicos. O efeito é um aumento na concentração, retenção e recordação do que é lido.

1. Junte todo o material de leitura que você pretende usar durante esta sessão de estudo. Disponha todo o material na sua frente.

2. Dedique de três a cinco minutos para afirmar seu propósito e entrar no estado mental ideal. Ao afirmar o propósito, considere o resultado desejado para esta sessão de estudo. Entre no estado ideal de aprendizagem e repita as afirmativas. Formule as afirmativas no tempo presente. Por exemplo:

• Estou pronto para absorver os capítulos 5 e 6 deste texto de física, para preparar-me para a aula de amanhã e responder as questões no fim do capítulo.

• Estou estudando durante estes próximos 20 minutos totalmente alerta, relaxado e concentrado.

• Quando acabo de estudar, sinto-me renovado, relaxado e confiante.

• Quando recorro a esta informação no futuro, relaxo e me solto. A informação flui livremente pela minha cabeça. Obtenho facilmente a informação que desejo.

3. Comece a estudar no estado de fluir de alerta relaxado. Preveja o material por alguns minutos e durante o tempo restante utilize a melhor combinação de FotoLer, ativar e leitura rápida; use a combinação que melhor se adequar ao seu propósito nesta sessão. Tente permanecer num nível zero de distração.

4. Faça uma pausa de cinco minutos. Isto é essencial. Saia completamente da área de estudo, tando física como mentalmente. Mesmo que você esteja "embalado", e se sinta capaz de estudar horas a fio, faça a pausa! Você assumiu um compromisso consigo mesmo para estudar durante um certo tempo. Mantenha esse compromisso, porque será a maneira de estabelecer uma confiança entre sua mente consciente e sua mente não-consciente.

5. Volte ao passo 2, e repita o ciclo três vezes, num total de 90 minutos. Aí, permita-se um intervalo de 15 minutos entre os ciclos de 90 minutos.

Há mais uma coisa que pode contribuir para seu estado de relaxamento ao estudar: um disco de música agradável ao fundo. Pesquisas revelam que a música clássica e *"new age"* pode ajudar no sentido de provocar um impacto maior sobre o cérebro durante a aprendizagem. No curso de FotoLeitura, distribuímos uma Fita Paraliminar (*Paraliminal Tape*), chamada *Memory Supercharger*, que é útil após os estudos e antes das provas. A fita *Personal Genius* também é excelente.

Faça as provas com a mente inteira

Ao fazer provas sobre matéria estudada utilizando o sistema *"whole mind"*, siga as seguintes dicas. Elas o ajudarão a manter o estado de alerta relaxado durante o exame:

- **Entre no estado ideal de alerta relaxado.**
- **FotoLeia todas as questões.** Aí leia a primeira questão.
- **Responda primeiro todas as questões cuja resposta venha com facilidade.** Fique focalizado no momento presente. Esqueça-se da pergunta anterior, bem como qualquer antecipação da pergunta seguinte.
- **Se a resposta não surgir espontaneamente após ler a questão, abandone essa pergunte e passe para a seguinte.** A solicitação de uma resposta já foi feita para a sua mente não-consciente. Após ter respondido a todas as questões que fluam facilmente, volte e releia as que foram deixadas de lado. A segunda leitura reforça a solicitação, e contribui para que as respostas apropriadas surjam na mente consciente.
- **Descubra como sua mente profunda sinaliza** que tem uma resposta correta ou apropriada para determinada pergunta da prova. Em vez de superanalisar a questão, estude os sinais que a mente não-consciente lhe envia. Preste atenção aos sinais intuitivos. Por exemplo, imagine um farol de trânsito. Verde significa "vá em frente". Amarelo significa "talvez eu saiba a resposta, mas preciso ir com cuidado". Vermelho significa "pare, não responda a esta pergunta".
- **Liberte-se de qualquer obrigação de sair-se bem.** Os resultados de uma única prova perdem importância com o tempo. A maioria das vezes, forçar apenas provoca frustração. Consiga o que quer abandonando a necessidade de conseguir.
- **Ao fazer uma prova, permita-se pausas para relaxar mais profundamente.**
- **Na noite anterior ao exame, ouça fitas cassete** que estimulem o relaxamento e a capacidade de memória. Nosso curso tem duas fitas excelentes para esse objetivo: *Memory Supercharger* e *Personal Genius.* .

Escolha como utilizar o
sistema "whole mind" de FotoLeitura

Ao terminar este capítulo, pense numa tarefa específica de leitura que você freqüentemente é obrigado a enfrentar, como, por exemplo, ler relatórios ou publicações profissionais. Use o sistema *"whole mind"* de FotoLeitura para alcançar seu objetivo.

Imagine como e quando empregar essas técnicas. Por exemplo, talvez você se visualize prevendo o jornal matutino, passando os olhos pelas manchetes e legendas das fotos. Determine lugar e hora específicos para usar a técnica escolhida.

O sistema *"whole mind"* de FotoLeitura é uma ferramenta com incontáveis aplicações. Você acabou de se ver experimentando algumas delas. Agora, acrescente mais uma ao seu repertório de leitura, aprendendo a...

9

Compartilhar informações por meio de ativação grupal

Sei de muita gente no mundo dos negócios que se queixa dos documentos horrorosos que são obrigados a ler no trabalho: manuais de especificações, propostas impressas, relatórios de computador aos montes, manuais técnicos de equipamento, instruções de *software*, e assim por diante. Vejo os olhos dessas pessoas brilharem de surpresa, quando não de ansiedade, quando sugiro uma alternativa envolvendo a FotoLeitura.

Quando apresentei pela primeira vez a FotoLeitura ao IDS/American Express, em Minneapolis, trabalhei com um grupo de pessoas na área de análise de sistemas e processamento de dados. Após uma aula, diversos participantes me procuraram. Um deles carregava uma pilha de relatórios, e disse: "O curso foi muito interessante. Mas como é que eu uso a técnica *nisto aqui*?". E jogou o monte de papéis na mesa com estardalhaço. Sentindo-me ligeiramente ameaçado, respondi que podíamos examinar algumas aplicações na aula seguinte.

Naquela tarde, limpei minha mesa e peguei o primeiro documento — um relatório de computador, de capa azul — e o coloquei na minha frente. Li a capa, que dizia: "CATS Unscheduled Disbursements, Systems External Specifications" ("Despesas Não Programadas, Especificações Externas dos Sistemas"). O meu cérebro recebeu uma sobrecarga imediata e queimou um fusível. Meu coração começou a bater depressa com a idéia de ensinar o capítulo número cinco. Pude sentir o ridículo e a humilhação. Minhas mãos começaram a suar. Não havia dúvida, eu estava num "choque documental".

Num estado de torpor, virei a capa e tentei ler o índice. Nada fazia sentido. Era tudo "grego". Agora meu pânico era completo.

Quase instintivamente, parei tudo, respirei profundamente, e entrei no estado de aprendizagem acelerada. Abri os olhos, entrei em FotoFoco e FotoLi o relatório — uma vez do lado certo, e, uma segunda vez, de cabeça para baixo e de trás para frente. Depois de FotoLer, fechei os olhos e fiz a afirmativa de fechamento para mim mesmo.

Aí veio a parte esquisita. Abri os olhos e olhei de novo o índice. Milagrosamente, tudo passou a fazer sentido. Fui adiante, previ o relatório e pude ver com clareza como todo ele estava estruturado, a informação que continha, o propósito e as conclusões. Superli e imergi, e em poucos minutos soube exatamente o que os gerentes de processamento de dados precisavam saber. Fantástico!

Lancei-me sobre os outros documentos, como uma criança numa loja de doces. Levava de onze a treze minutos para ler qualquer um deles — entendendo o suficiente para discuti-los.

Imagine a minha confiança na aula seguinte. Descrevi como ler os relatórios usando o sistema *"whole mind"* de FotoLeitura. Um dos gerentes comentou que eu compreendia os relatórios melhor do que ele — e seu departamento também gerava relatórios similares.

É simples ler pilhas de papéis profissionais ou escolares usando o sistema *"whole mind"* de FotoLeitura. E se você deve ter alguma familiaridade com o documento antes de uma reunião ou aula, a estratégia adiante é uma dádiva.

Ativação grupal

Digamos que você dirija um grupo de três pessoas, e cada uma delas tenha um diferente tipo de conhecimento sobre o que acontece na companhia. Uma delas, por exemplo, trabalha com o departamento de recursos humanos, outra lida com analistas de sistemas na área de processamento de dados, e a terceira atua na área de *marketing* e desenvolvimento de produtos.

Um dia, você recebe o manual de *software* para implantação de um novo sistema de computadores, integrando a empresa toda. Ao olhar para o índice, você descobre que tem pela frente uma leitura adicional de mais de 600 páginas para a semana seguinte. Uma das opções para enfrentar a situação é a tradicional: você e cada membro da equipe percorrem o manual de cabo a rabo, sabendo que terão bem menos horas de sono nas próximas noites.

Em vez disso, tente algo novo: dê a cada membro da equipe uma cópia do manual. Peça a cada um que leve o manual para casa por uma noite. Em casa, dedique-se a prever o manual durante 5 a 8 minutos, e, depois, passe mais alguns minutos Foto-Lendo antes de ir dormir. Durante o próximo expediente, reúna o grupo para ativar e discutir o documento.

Na reunião, pergunte a cada um o que sabe com base no material que previu. Isso assegurará a todos que estão partindo de uma mesma estrutura de referência. Peça a cada um que se dedique, de 7 a 10 minutos, a superler e imergir no manual em busca de informação específica. Forneça tópicos particulares a serem focalizados, formulando questões específicas relacionadas com as diversas áreas de interesse pessoal ou profissional.

Por exemplo, peça ao especialista em recursos humanos para superler e imergir no manual, com o objetivo de julgar como esse novo sistema afetará a necessidade da empresa em relação ao pessoal novo e programas de treinamento. Peça ao gerente de sistemas para julgar a compatibilidade da nova rede com os sistemas já existentes, e assim por diante.

Depois de completar essa etapa, o passo seguinte é ativar numa discussão grupal. Que cada um descreva durante 5 minutos o que aprendeu a partir da superleitura e imersão no texto. Deixe que um deles crie um mapa mental gigante, abrangendo os principais pontos abordados. Após a elaboração do mapa, prossigam com uma discussão aberta, e permita que seus subalternos façam perguntas mútuas sobre os pontos específicos levantados.

Experimente esta estratégia, e você ficará surpreso com a riqueza e o valor da discussão que se seguirá. Ao formular perguntas e dar respostas, seus funcionários ajudam-se mutuamente a ativar o material que foi lido. Na realidade, trata-se de FotoLeitura seguida de ativação em grupo.

Tenho observado grupos utilizando essa estratégia, e pude constatar uma redução significativa no tempo perdido em obrigações relacionadas com leitura; em alguns casos, várias horas de desperdício se transformaram em poucos minutos de trabalho altamente produtivo. E, ainda mais, este processo estimula as pessoas a compartilhar informação cruzada conforme a especialidade de cada um, algo especialmente raro nesta nossa era de informação. A gratificação é concreta: pessoas de nível mais alto ficam liberadas de passar horas se debatendo com manuais; em vez disso, podem se voltar para o que melhor sabem fazer.

Os grupos se transformam em forças produtivas na tomada de decisões, compartilhando informação e aprendendo a ser ainda mais efetivos à medida que adquirem prática.

Esta é uma das ferramentas mais poderosas que conheço para enfrentar a sobrecarga informativa e o choque documental. Deixou de ser viável esperar que uma pessoa domine toda a informação sobre um determinado assunto. Em vez disso, o uso do sistema *"whole mind"* de FotoLeitura cria um processo regular de troca de informações entre os departamentos e áreas de especialização.

Leia toda a sessão

Se você quiser utilizar este processo de forma estruturada, o esquema a seguir descreve cada passo. Use-o sempre que várias pessoas precisarem entender um documento em conjunto.

1. Pré-sessão de determinação da tarefa

O início do processo inclui um memorando do líder do grupo, especificando a tarefa de leitura. O memorando afirma o propósito e o resultado pretendido pela reunião.

2. Preparação individual

Execute a tarefa de leitura em etapas:
- Prepare-se (1-2 minutos).
- Preveja o material (3-8 minutos).
- FotoLeia (1-3 minutos).
- Opcional: superler e imergir (10 minutos no máximo).
- Antes de dormir, visualize-se ativando o material e contribuindo ativamente para um resultado positivo do grupo.

3. Ativação grupal

Reafirme a intenção do grupo. Resuma a leitura descrevendo o documento em termos gerais, discutindo o tipo de artigo ou relatório, o ponto principal e questões formuladas pelo autor.

A seguir, determine as seções a serem analisadas e o tipo específico de análise que você espera de cada um. Por exemplo, uma pessoa pode encarar o relatório do ponto de vista de um especialista em administração. Outra, pode explorar possíveis desvantagens. Outra ainda, pode examinar as implicações financeiras a curto prazo.

Peça a cada membro do grupo que faça uma leitura rápida da seção que lhe foi atribuída, ou superleia o texto inteiro em busca de idéias-chave a serem exploradas. Lembre-se de especificar o prazo para completar a tarefa. (FotoLeitores treinados, geralmente, conseguem ativar um relatório de 15 a 30 páginas num tempo de sete a doze minutos.)

4. Discussão — Formato analítico
Faça um esboço da estrutura e do conteúdo de todo o documento:
- Relacione as palavras-gatilho. Qual é o significado delas? O significado muda em algum ponto do texto? (Consulte o Capítulo 4, que trata sobre prever informação a esse respeito.)
- Relacione as proposições básicas. Que idéias sintetizam a opinião e os fatos apresentados no documento? Ordene essas opiniões e fatos em uma seqüência lógica, de modo a descobrir argumentos-chave. Se você descobrir primeiro a conclusão, vá em busca de razões que a apoiem. Se você encontrar primeiro as razões, descubra onde elas conduzem.
- Examine os problemas que foram definidos e as soluções propostas. Quais são os problemas solucionados pelo autor? Há problemas que permanecem sem solução?
- Critique o texto. Discuta os méritos e as fraquezas das idéias apresentadas. Com que argumentos você concorda? Quais são os pontos de discordância?

Discussão — Formato criativo
Seu grupo talvez prefira mergulhar numa discussão criativa, em vez de adotar a forma analítica. Se for o caso, o formato a seguir será mais adequado.
- Descreva sua "resposta no nível de sensação" ao material escrito. Tenha presente o fato de que as sensações preparam terreno para a forma como a informação será interpretada.
- Apresente os fatos e a informação recebida do texto.
- Conduza uma sessão de *brainstorming* (livre associação de idéias) sobre o sentido da informação, da relevância da mesma e da relação que ela pode ter com os resultados do grupo.
- Planeje o que fazer com toda essa informação e defina o próximo passo do grupo.

Os benefícios do sistema *"whole mind"* de FotoLeitura podem se difundir por sua empresa e mudar a forma de fazer o trabalho. Há tomada de decisões em conjunto quando todo mundo compartilha a mesma base de informação. Usando essas técnicas, os indivíduos se mantêm informados quase sem esforço ou tensão.

Dedicar alguns minutos à noite para prever e FotoLer não é um projeto complicado. E é extremamente produtivo dedicar dez minutos em uma reunião para acionar a mente integral e ativar informação relevante, mantendo forte senso de propósito ao abordar a resolução de problemas. Ao compartilhar informação ativada, o grupo está totalmente concentrado na tomada de decisões.

Faça o grupo se envolver

Como incentivar o grupo? Compre cópias deste livro para todos os integrantes. Diga-lhes para prever e FotoLer o livro inteiro e, em seguida, ativar apenas este capítulo. Você acredita que isto poderá estimular a curiosidade deles?

Falando sério, é uma boa idéia fazer todo mundo aprender estas habilidades. Diga-lhes para ler o guia, no início, "Como ler este livro", e depois ler o livro no nível dois. É um investimento de uma hora.

Outra maneira é levar até a empresa um instrutor de Foto-Leitura credenciado, para um treinamento. Entre em contato com a Learning Strategies Corporation para informações sobre treinamento empresarial.

Você pode deixar de se preocupar com sua contribuição em reuniões, por não ter lido o relatório. Diga adeus às noites cercado de papelada, envergonhado por não conseguir ler uma folha sequer. Agora você pode se levantar, dar opinião e até mesmo assumir a liderança. Informação é poder para aqueles que sabem como acessá-la e partilhá-la proveitosamente.

Basta fazer. As manifestações de sucesso virão. Você pode dar passos específicos no sentido de fortalecer a aplicação destes conceitos. Basta que você aprenda e...

10

Enriqueça sua experiência de FotoLeitura

O conceito de "nada se consegue sem sofrimento" é um absurdo quando se trata de assuntos relacionados com a mente. Certa vez, ouvi um comediante dizer: "Meu novo exercício de filosofia é 'Sem sofrer, sem sofrer, sem sofrer!' ". Gosto da idéia. Não se consegue ficar mais hábil em FotoLeitura castigando-se.

Eu enriqueço meu uso do sistema toda vez que exploro áreas relacionadas com autocrescimento. Descubra você mesmo que, ficando mais hábil na FotoLeitura, você na verdade melhora sua qualidade geral de vida.

Cultive a conexão olho-mente

Leitores extremamente rápidos são leitores visuais. Eles se apóiam numa conexão direta entre o olho e o cérebro. Eles não sentem necessidade de subvocalizar — isto é, ouvir mentalmente as palavras escritas — para absorver os textos. Estudos indicam que subvocalizar não é crucial para a absorção do material escrito.

Dependa apenas dos seus olhos para receber a informação que você deseja a partir da leitura. Muitos de nós passam anos desenvolvendo um hábito conflitante: receber sinais visuais e auditivos para compreender a leitura. É provável que o seu cérebro não se adapte a uma mudança, da noite para o dia. Para estimular seu desenvolvimento, relaxe ao ler. Não se debata para absorver tudo na primeira ou segunda passada pelo material. E orgulhe-se de usar uma ou todas as técnicas do sistema "*whole mind*" de FotoLeitura.

Considere a possibilidade de treinar a visão

Terapia da Visão, também conhecida como Treinamento Funcional da Visão, ou ainda, Treinamento Sensório-Perceptivo, pode ser uma maneira de levar adiante sua prática de leitura. Esse treinamento fortalece os olhos e a capacidade cerebral de processar informação escrita.

O treinamento de visão que recebi incluía exercícios para convergência e divergência dos olhos, acomodação do foco de longe para perto, rastrear suavemente objetos em movimento, expandir o registro de memória visual a curto prazo e ampliação da visão periférica. O desenvolvimento dessas habilidades resulta num sistema visual mais forte e equilibrado. O retorno é uma tremenda eficiência nas tarefas visuais, especialmente a leitura.

Expandir sua consciência periférica

Desenvolver consciência periférica significa olhar o campo visual e perceber qualquer informação que não esteja em foco. O objetivo é absorver informação que, em geral, a mente consciente deixa escapar. O grande proveito disso é que a informação contida nos 99% restantes do campo visual pode ser atendida, e respondida, com notável eficiência.

A dilatação das pupilas incrementa a visão periférica. A dilatação ocorre naturalmente quando a intensidade luminosa diminui, ou quando os olhos divergem, como no estado de Foto-Foco. Para ajudar no processo, recomendo que você FotoLeia sob luz quente e suave.

A FotoLeitura se destina a abrir seu campo visual. A prática da FotoLeitura ajuda você a perceber melhor aquilo que está à sua frente — por exemplo, as bordas do livro, em vez de uma única frase ou palavra.

Há outras aplicações para a consciência periférica aumentada. Com ela, você consegue aumentar sua capacidade de resposta a estímulos visuais no ambiente. As aplicações são ilimitadas. Por exemplo, guiar com maior segurança, melhorar o desempenho em esportes como o tênis, jogar cartas com maior determinação, cantar em corais com mais facilidade, trabalhar mais sossegado, numa repartição pública, achar itens de compras numa loja com maior rapidez e aumentar a velocidade de datilografia e digitação.

Eis algumas formas simples de trabalhar a consciência periférica:

Leia as bolinhas

- Quando estiver guiando seu carro, perceba as laterais da rua, capte os movimentos dos retrovisores laterais e leia os cartazes de anúncios sem olhar para eles.
- Caminhe com olhar "mole", olhando um ponto no horizonte, e absorva o panorama amplo do mundo à sua volta.
- Quando estiver conversando, note as roupas e jóias que as pessoas estão usando, olhando somente para o rosto delas.
- Quando FotoLer, preste atenção às bordas do livro ou ao espaço entre os parágrafos.
- Pratique artes marciais com um bom mestre. As escolas de Tai Chi e Aikido, consideradas mais "suaves", são ideais.
- FotoLeia livros que ensinem esse tipo de consciência. Livros sobre zen e meditação constituem fontes excelentes. Os livros de Tim Galloway, da série "Inner Game", descrevem muitos dos conceitos da meditação zen de uma forma ocidental, dirigida a aplicações práticas. Esses livros sugerem muitos exercícios que estruturam habilidades relacionadas com a FotoLeitura.

De início, não ative esses livros que você FotoLer. Deixe a sua mente não-consciente surpreendê-lo e deliciá-lo com o aumento de suas habilidades. Perceba sua experiência e descubra que momentos mágicos se tornam mais comuns à medida que a sua qualidade de vida melhora.

Entre em estados de alerta relaxado

O estado de aprendizagem acelerada ocorre quando entramos em contato com processos não-conscientes da mente. A marca registrada dessa vivência é o estado de alerta relaxado.

Entre nesse estado e perceba que pode transformar a qualidade do pensar e do sentir. Por sua vez, essa transformação influencia aspectos fisiológicos, tais como sistema nervoso autônomo, batidas cardíacas, dilatação de pupilas, transpiração e secreção de adrenalina. Todas essas funções são controladas no nível não-consciente. Isso significa que pensamentos tranqüilos podem se refletir diretamente no corpo.

Segue-se que quando se está fisicamente relaxado e mentalmente alerta, tem-se o máximo de flexibilidade e controle sobre a maneira de pensar e sentir. Uma vez que aprender constitui um processo de mudar a forma de pensar e sentir, a aprendizagem acontece mais facilmente nesse estado de aprendizagem acelerada.

Leia as bolinhas

Para fortalecer sua capacidade de entrar em alerta relaxado:
- Estabeleça um controle simples sobre sua dieta e exercícios. Corpo e cérebro fortes e bem-nutridos contribuem para uma mente equilibrada e sadia. Alimentos com pouca gordura e baixo teor de açúcar. Para a FotoLeitura, beba bastante água e evite bebidas cafeinadas.
- Inscreva-se num curso de FotoLeitura com um instrutor licenciado pela Learning Strategies Corporation. A troca de informação com outras pessoas estimula sua inteligência interpessoal, e, muitas vezes, é suficiente para o "salto inicial" na prática da FotoLeitura.
- De vez em quando, tenha o hábito de parar o que está fazendo e fazer algumas respirações, inspirando profundamente e expirando bem devagar. Perceba as sensações de relaxamento e calma que fluem confortavelmente pelo seu corpo.
- Conte mentalmente de 50 a 1, enquanto está no estado de aprendizagem acelerada. Entre no seu refúgio (lembre-se da página 57), e então, a cada respiração, conte um ou dois números.
- Escute Fitas Paraliminares e outros programas de relaxamento.
- FotoLeia livros relevantes sobre treinamento autógeno, auto-hipnose, fantasia dirigida, método Silva, meditação e preces contemplativas. Lembre-se, você não precisa ativar todo e qualquer livro para que essas técnicas e conceitos beneficiem sua vida.
- Aprenda programação neurolingüística. A Learning Strategies Corporation oferece treinamento em programação neurolingüística para mudanças de comportamento. Diversas sessões de treinamento ajudam os participantes a acessar o estado de aprendizagem acelerada.
- Explore a meditação. Você descobrirá inúmeras variedades, inclusive yoga e zen. Há muitos mestres e centros conceituados pelo mundo, aptos a lecionar em nível iniciante, intermediário e avançado. A Raja Yoga ("Yoga Real") é a disciplina que gerou muitas das primeiras descobertas sobre aprendizagem acelerada.

Eu encorajo o estudo de formas de meditação cristã e oriental. Mas, por favor, tome cuidado com grupos que tiram a opção de suas mãos ou insistem em adesão rígida a práticas que negam a livre escolha. Cuidado com as seitas.

Utilize fitas de áudio como apoio

Um modo comprovado de reforçar e enriquecer a habilidade de ler com a mente inteira consiste no uso de fitas de áudio cassete. As melhores fitas afirmam sua capacidade de aprender, relaxar e estabelecer novos padrões de comportamento. Utilize-as com freqüência.

Eu desenvolvi as Fitas Paraliminares (*Paraliminal Tapes*), que combinam o relaxamento progressivo com a tecnologia da programação neurolingüística. Essas fitas mixam duas pistas de som separadas. Uma delas é mais analítica, "esquerda do cérebro", guiando você passo a passo num processo que o ajuda a alcançar seus objetivos. A outra pista de narração é mais "cérebro direito", usando estórias e imagens simbólicas para reforçar a mensagem central da fita.

As Fitas Paraliminares não contêm mensagens subliminares e não se destinam a induzir transes hipnóticos. Em vez disso, na verdade, rompem os transes negativos e autolimitadores que bloqueiam tanta gente, impedindo-as de acessar seus próprios recursos.

Várias dessas fitas são especificamente planejadas para apoiar os passos do sistema *"whole mind"*. São elas:

Personal Genius (*Gênio pessoal*) ajuda você a entrar no estado de fluir e utilizar os recursos plenos de sua mente interior para aprender.

Automatic Pilot (*Piloto automático*) ajuda você a entrar no estado de fluir e o direciona a seus objetivos sem risco de autosabotagem. É uma fita ótima para quem costuma se convencer a deixar de lado leituras importantes e desejáveis.

Get Around To It (*Vá logo ao assunto*) ajuda a eliminar protelações, motivando você a agir *agora*. Se você é daqueles que deixa a leitura para depois, a fita é ideal.

New Behavior Generator (*Gerador do novo comportamento*) ajuda a firmar o hábito de ler e superar resistências.

New History Generator (*Gerador de nova história*) ajuda a superar o histórico de ser um mau leitor ou mau aluno.

Anxiety-Free (*Livre de ansiedade*) ajuda a superar ansiedades de leitura, exames e assumir responsabilidade pelo próprio sucesso.

Belief (*Crença*) ajuda a mudar as crenças que nos limitam e impedem de apreciar todos os benefícios do sistema *"whole mind"* de FotoLeitura.

Dream Play (*Brincadeira com sonhos*) ajuda você a programar e lembrar de seus sonhos, que podem ser um efetivo instrumento de ativação para a FotoLeitura.

> Estas e outras Fitas Paraliminares estão disponíveis na Learning Strategies Corporation, cujo endereço é: 900 East Wayzata Boulevard, Wayzata, Minnesota 55391. Ou você pode ligar para: 001-612-476-9200 ou 612-475-2250. Peça um catálogo grátis.

Prosperity (*Prosperidade*) ajuda você a aplicar os benefícios da FotoLeitura na obtenção de promoção profissional, maior produtividade, notas melhores etc.

Deep Relaxation (*Relaxamento profundo*) ajuda a acessar o estado de alerta relaxado da FotoLeitura.

Self-Esteem Supercharger (*Supercarregador de auto-estima*) ajuda a criar um autoconceito positivo.

10-Minute Supercharger (*Supercarregador de 10 minutos*) ajuda você a ficar mentalmente alerta e fisicamente revitalizado. É ótima para longas sessões de estudo.

Estabeleça resultados, assuma compromisso

É essencial ter metas claras e bem definidas para alcançar resultados significativos na vida. A mente interna é um dispositivo que busca alcançar metas e deve mirar um alvo específico para acertar no centro. Para conseguir proveitos significativos com a FotoLeitura, defina continuamente e com clareza os seus alvos. Estabeleça um propósito, cada vez que for ler. Eis algumas sugestões para apoiar essa constante definição:

• **Inclua na sua lista diária de "coisas por fazer" um tempo para usar o sistema *"whole mind"* de FotoLeitura**. A integração das habilidades acontece à medida em que você as aplica. Não se preocupe em praticar; simplesmente use-as sempre que for ler. A palavra "praticar" muitas vezes implica um tempo criado artificialmente para fazer algo que deve ser feito. Livre-se da pressão e, simplesmente, acrescente essa abordagem ao dedicar-se às suas prioridades diárias de leitura.

• **Estabeleça metas específicas de leitura** e compartilhe-as com um "colega de FotoLeitura", que possa comentar seu progresso. Ao estabelecer metas, proponha-se a conquistá-las. Em vez de se pressionar com objetivos que você acha que "deveria" atingir, defina metas gostosas, que representem aquilo que você realmente deseja. Defina metas que exijam da sua capacidade; ao mesmo tempo, metas razoáveis de alcançar.

• **Se você não conseguir os resultados desejados, tenha paciência com você mesmo**. Continue jogando com opções. Afinal, se você só fizer o que sempre fez, só conseguirá o que sempre conseguiu. Faça as coisas de maneira diferente, confronte os velhos hábitos e afirme o potencial da sua mente.

• **Tenha um propósito em tudo que ler**. Talvez você queira escutar a série de fitas *Personal Celebration*, que desenvolvi. Você ouvirá dezenas de pessoas, todas clientes da Learning Strategies

Corporation, afirmarem propósitos acerca de quem se é, do que se faz, de tudo que se tem, e de tudo que se consegue na vida.
- **Use equipes de sucesso para obter o apoio de que você necessita** para alcançar suas metas. São grupos de três a cinco FotoLeitores que se reúnem com regularidade, com o objetivo de se ajudar mutuamente a atingir seus objetivos. É um compromisso forte reunir-se todo mês para FotoLer com outros, mas é sempre gratificante para aqueles que o fazem. Para maiores informações sobre equipes de sucesso, FotoLeia *Teamworks*!, de Barbara Sher e Ann Gottlieb.

Utilize técnicas de memória

A sensação de algo "na ponta da língua" é um exemplo de saber algo, mas não ser capaz de articular conscientemente. Para muita gente, é um fato comum quando se quer lembrar nomes.

A melhor técnica para deixar a informação aflorar da mente não-consciente para a mente consciente é dar-se espaço para lembrar. Por exemplo, diga para você mesmo: "Eu sei o nome dessa pessoa. O nome vem vindo agora". Então apague o assunto da cabeça e deixe sua mente fazer o que é preciso.

Considere a seguinte regra: *querer* que aconteça; *esperar* que aconteça; sair da frente e *deixar* que aconteça. Esta é a essência de uma atitude positiva para consigo mesmo. Simboliza uma confiança básica na sua mente, um agente poderoso e capaz, pronto para servi-lo toda vez que você quiser. Uma confiança positiva na integridade da mente é a pedra fundamental de uma leitura "*whole mind*" bem-sucedida.

Brinque com seus sonhos

Quando você lembra de seus sonhos, constrói uma ponte mais sólida com sua mente não-consciente. Em troca, adquire maior acesso consciente aos vastos recursos do seu "banco de dados" interno.

No curso de FotoLeitura, ensinamos como usar os sonhos para ajudar a ativar livros que tenham sido FotoLidos. Você também pode fazê-lo. De início, basta lembrar seus sonhos ao acordar. À medida que for conseguindo relembrar, poderá descobrir-se tendo sonhos lúcidos — sonhos em que você reage conscientemente aos eventos. Quanto mais você se lembrar dos seus sonhos, quanto mais claras e detalhadas forem suas imagens oníricas, maior a probabilidade de ter sonhos lúcidos.

A chave é a motivação. Na maior parte do tempo, se você quiser lembrar seus sonhos, você conseguirá. Para muita gente, basta a simples intenção de lembrar e ter presente essa intenção ao ir dormir.

Para fortalecer esta intenção, mantenha ao lado da cama papel e caneta, e crie um mapa mental dos seus sonhos sempre que acordar. Esta atividade contribui para lembrar mais sonhos no futuro.

Outro método de lembrar sonhos é perguntar-se, toda vez que acorda: o que é que eu estava sonhando? Este deve ser o seu primeiro pensamento ao despertar; de outra forma, você corre o risco de esquecer parte ou todo o sonho.

Seja paciente ao tentar recordar os sonhos. Ao despertar de manhã, não se mexa nem pense em outra coisa. Pedaços e fragmentos do sonho aparecerão. Examine seus sentimentos e pensamentos ainda deitado. Muitas vezes, você obtém as pistas necessárias para recuperar o sonho inteiro. Mantenha-se nessa atividade mental, mesmo que no começo não consiga se lembrar de nada.

Elaborei a Fita Paraliminar *Dream Play* para auxiliar a lembrar dos sonhos. Você pode também usar este livro como trampolim. Muito da informação contida neste livro irá mudar para sempre sua forma de encarar páginas impressas. O livro pode ajudá-lo a acessar as poderosas reservas da mente não-consciente. Use-o como uma entre muitas ferramentas. FotoLeia-o antes de dormir.

Faça o curso de FotoLeitura

Inscreva-se num curso de FotoLeitura. A diferença entre o livro e os quatro dias de curso é que, no curso, você recebe assistência de um instrutor de FotoLeitura autorizado pela Learning Strategies Corporation. Cada instrutor já orientou o sucesso de muitos participantes antes de você. As suas necessidades e dúvidas individuais podem ser atendidas no instante em que surgem. Você recebe ilustrações e exemplos mais profundos, que podem satisfazer melhor seu estilo de aprendizagem. Além disso, há muitas experiências durante o curso que não podem ser totalmente descritas em livro. Essas experiências enriquecem o significado dos capítulos que você leu aqui.

Além das técnicas, você aprenderá:

• Como FotoLer e ativar seu cérebro para alcançar seus objetivos de leitura com maior compreensão.

• Como entrar sossegado no estado de aprendizagem acelerada em questão de instantes.

- Como abrir seu campo perceptivo e ver, com a mente, o que não pode ser visto com os olhos.
- Como equilibrar instantaneamente os hemisférios do cérebro, com um simples movimento físico, tornando assim a leitura mais efetiva.
- Como programar sua mente para adquirir novos hábitos e romper a compulsão de ler usando técnicas de leitura ineficientes.
- Como utilizar seus sonhos como técnica de ativação.
- Como fazer amizade com sua mente interior, confiando na sua intuição para resolver problemas e fazendo uso dos vastos arquivos e recursos não-conscientes.

A maior vantagem de participar de um curso é poder fazer algo e ter um retorno dos outros sobre seus resultados. Durante o curso, você irá FotoLer de cinco a seis livros e brincar com todas as técnicas de ativação aqui descritas. Ensinamos até mesmo a FotoLer um dicionário, pensar em uma palavra e saber exatamente em que posição na página ela está.

Quando você encontra outros com atitudes mentais semelhantes, recebe o apoio necessário para subir na curva de aprendizagem. Pode ser que até faça novos amigos no processo.

Ao longo deste livro tenho estimulado você a ler outras obras, inscrever-se num curso de FotoLeitura e ouvir fitas de áudio contendo programas paraliminares. Faço isso porque, quanto mais informação você tiver, maior será seu sucesso em usar de verdade seus talentos inatos.

Sinta-se livre para descobrir o que o autor Peter Kline chama de "gênio do dia-a-dia" dentro de você. Não posso convencer ninguém de que possui talentos geniais. Cada pessoa tem que encontrar sua própria verdade interior. Meu desejo sincero é que você descubra a verdade por si só.

À medida que você for fortalecendo sua conexão olho-mente, expandindo sua consciência periférica, cultivando estados mentais poderosos e recordando seus sonhos, você irá aprofundar e expandir sua habilidade de FotoLer. Esse processo de aquisição de novas habilidades culminará com a descoberta da leitura sintópica, no Capítulo 11.

Um estudante de teologia, num curso de pós-graduação, foi aconselhado por um terapeuta a travar contato com a FotoLeitura. Ler e estudar sempre tinham sido seus pontos fracos e, geralmente, a escola era para ele um lugar de profunda confusão mental e emocional. Embora usasse a FotoLeitura com confiança, não tinha segurança de que o sistema realmente funcionasse para ele. Preparando-se para os exames finais, utilizou o sistema "whole mind" de FotoLeitura para estudar tudo que sentia ser necessário. Uma vez que, dessa maneira, levou muito menos tempo do que normalmente investiria, duvidou de que estivesse de fato preparado. Durante o exame, ficou relaxado e conseguiu manter o tempo todo o estado de fluir. Ao entregar a prova, sentiu-se ansioso, sem saber o que esperar e sem uma sensação boa em relação ao que tinha feito. O exame voltou alguns dias depois, coberto de elogios do instrutor. Comentários como: "leitura e aplicação meticulosa", "excelente", "ótimo sumário", "muito perspicaz". O estudante ficou atônito. Logo seu estarrecimento se transformou em prazer. As habilidades recém-descobertas tinham vindo para ficar.

Um garoto de treze anos assistiu ao primeiro curso de FotoLeitura no México. Embora enxergasse apenas com um olho desde nascença, dedicou-se avidamente às habilidades de FotoLeitura. Um mês depois do curso, uma das professoras perguntou: "A FotoLeitura realmente funcionou para você?". A resposta dele ao questionamento foi dar a ela seu dicionário, que havia FotoLido algumas vezes. Disse-lhe: "Diga qualquer palavra e eu direi em que posição na página está". Ele identificou corretamente a posição de nove entre dez palavras. A professora disse: "Hmmmm, talvez funcione!".

11

Use a leitura "sintópica" como forma permanente de exploração

Meu professor no curso de pós-graduação mandou a classe escolher um tema na área de gerência de recursos humanos; não sabíamos nada sobre o assunto. "Leiam toda a literatura que puderem encontrar e façam um relatório de dez a vinte páginas sobre o que aprenderam."

Eu achei doze livros. Usando o sistema *"whole mind"*, li todos eles e fiz um mapa mental do meu relatório — tudo em uma tarde. Datilografei o relatório baseado no meu mapa mental e entreguei.

Quando o trabalho me foi devolvido só continha duas observações: "100%" e "Excelente!". Nunca antes na minha vida estudantil, de graduação ou pós-graduação, um projeto tinha sido tão fácil.

Minha colega Patricia Danielson desenvolveu a idéia num exercício chamado "leitura sintópica". Ela fez o teste numa sessão de acompanhamento com estudantes de pós-graduação que participavam de um curso de FotoLeitura na Europa. O sucesso do teste foi fenomenal.

O exercício de leitura sintópica ocupa a sessão quatro do curso. Eu o descrevo quase no fim do livro pela mesma razão que o reservo para o último dia de aula. A leitura sintópica utiliza todas as habilidades desenvolvidas, conduzindo você ao nível da maestria.

Imagine poder ler três a cinco livros sobre um assunto numa única tarde. Você pode conseguir isso através dos passos básicos da leitura sintópica descritos neste capítulo.

Como funciona

Digamos que você se interessa por um assunto e descobre um livro que realmente queira ler. FotoLendo e ativando três livros adicionais, sobre o mesmo assunto, você poderá conhecer melhor o livro que lhe interessa. Mas o melhor é o seguinte: você leva menos tempo para aplicar nosso sistema a todos os quatro livros do que levaria para ler um só, utilizando as velhas técnicas de leitura.

Pense no ato de ler como um caminho de exploração perene e incessante. Ao percorrer este caminho, logo descobrimos que há pontos de vista opostos relativos a cada tópico significativo. Para o leitor habilidoso, visões diferentes geram uma tensão, que convida ao próximo nível de resolução: um ponto de vista novo que sintetiza aqueles já existentes. Este é o objetivo da leitura sintópica.

Pessoas com boa leitura são capazes de compreender muitos lados de um mesmo assunto e tirar suas próprias conclusões. A leitura sintópica garante que a maioria de suas opiniões se baseie em sua própria maneira de pensar. Isso se consegue com a exposição a diversos pontos de vista, seguida da escolha ou elaboração de uma concepção que, em última instância, soe como a mais verdadeira. A sua verdade pessoal provém do seu raciocínio, conhecimento global e reflexão sobre a experiência — e não apenas do último livro que leu. Na realidade, freqüentemente, é preciso ler vários livros sobre o mesmo assunto para adquirir uma compreensão mais profunda.

A vivência de uma aluna de FotoLeitura demonstra a facilidade que foi para ela obter vantagens lendo vários livros sobre o mesmo tema. Vinte e cinco anos após se formar no colegial, ela voltara a estudar, para tirar um diploma superior numa faculdade local. Antes de fazer um exame dissertativo de história, FotoLeu sete livros relacionados com a matéria que estava estudando.

Ela estava radiante ao descrever para mim como as palavras tinham fluido durante o exame. Jamais se sentira tão relaxada e confiante numa prova, e, orgulhosamente, acrescentou: "Tirei 'A' no exame!".

Ela encontrou a transição natural da FotoLeitura para a leitura sintópica — conceito este que na verdade foi descrito pela primeira vez há cinqüenta anos atrás.

A leitura sintópica teve início com Mortimer Adler e Charles Van Doren, no seu clássico texto *How to read a Book*. Adler

118

considerava a capacidade de pensamento utilizada na leitura sintópica a meta suprema de uma pessoa que lê bastante. Nós adicionamos as habilidades da leitura *"whole mind"* à leitura sintópica, de modo a ajudar a sintetizar idéias com maior eficiência.

Um de meus alunos estava fazendo curso de doutorado em educação. A redação de trabalhos sempre fora um problema para ele, consumindo tempo exagerado. Tinha que ler vários livros, destilar a informação, gerar suas próprias idéias e escrever o trabalho. Depois de aprender leitura sintópica, aplicou suas habilidades às dissertações universitárias. Alguns meses depois, telefonou-me, exclamando: "É inacreditável! Não tenho como lhe dizer como as coisas ficaram fáceis com a FotoLeitura. Consigo terminar em uma tarde um trabalho que demorava dois ou três dias".

Como é possível? Está tudo aí, nos passos básicos de leitura sintópica *"whole mind"*:

1. Estabeleça um propósito

O primeiro passo ativo de leitura sintópica é afirmar um propósito que tenha significado e valor para você.

Seja claro e específico — isto é fundamental. Suponha que o seu propósito seja aprender estratégias de gerência financeira. Qual das duas afirmações a seguir constitui um propósito mais efetivo?

• Quero aprender mais sobre planejamento financeiro.

• Quero aprender métodos efetivos de economizar dinheiro e investir inteligentemente, para poder construir minha independência financeira.

Opção: Leia os 10 passos

A segunda afirmação tem mais força, porque ela é clara e determina um propósito com significado pessoal. O significado também aumenta a retenção a longo prazo.

2. Forme uma bibliografia

O segundo passo ativo é formar uma bibliografia — uma lista de livros que você esteja planejando ler. Preveja seus livros para determinar se servem ao seu propósito. Como exercício, escolha livros de não-ficção, escritos por diversos autores, sobre um tema que você realmente queira entender.

3. FotoLeia todo o material 24 horas antes de ativar

A mente necessita de um período de incubação para estabelecer novas conexões. FotoLeia os livros selecionados 24 horas antes da hora que você planeja ativar. A FotoLeitura faz a diferença em sua capacidade de processar idéias em alta velocidade.

Durante o sono, seu cérebro encontra meios de classificar a informação exposta durante a FotoLeitura.

4. Crie um mapa mental gigante

Tenha seus livros à mão, junto com uma grande folha de papel, e alguns lápis de cor para criar um mapa mental. Utilize o mapeamento mental para fazer anotações durante os passos restantes da leitura sintópica. No centro da folha de papel, escreva sua afirmativa de propósito inicial. Deixe espaço para reformular sua afirmativa posteriormente, se quiser. Tenha presente o fato de que você não está fazendo um mapa mental de um livro isolado, e sim mapeando mentalmente o material de todos os livros que servem ao seu propósito.

5. Descubra passagens relevantes

Superleia e imerja em cada um dos livros, descobrindo passagens relevantes para o seu propósito. Nesta etapa, o seu propósito reina supremo sobre o propósito dos autores. O motivo de manter seu propósito como farol é extrair passagens que, de outra forma, poderiam permanecer obscuras, mas que interessam ao seu objetivo. Prossiga mapeando mentalmente as passagens que descobrir.

Neste estágio, abandone seu desejo de ler detalhes demais. Faça apenas uma ligeira imersão pelos livros e restrinja-se a imergir nas passagens relevantes. Você poderá descobrir que sua afirmativa de propósito irá refinando-se à medida que as complexidades do tema ficam mais claras.

Pense nisso como uma discussão com os autores dos livros. Imagine que os autores estão numa mesa-redonda com você. Faça uma pergunta, e deixe que eles respondam ao seu propósito. O objetivo não é compreender os livros deles; é compreender o seu propósito.

6. Resuma com suas próprias palavras

Se você recuar e olhar seu mapa mental, verá que numerosos conceitos importantes estão sendo abordados. Resuma brevemente o que você pensa do assunto até aqui.

Isso ajuda você a criar uma terminologia própria, neutra e livre de jargões. Autores diferentes empregam palavras diferentes para dizer a mesma coisa. Descobrir um conjunto de termos neutros contribui para elaborar associações significativas e faz os conceitos se tornarem seus.

7. Descubra temas comuns

Explore seu mapa mental e seus livros em busca de semelhanças e diferenças entre os diversos pontos de vista dos vários autores. Ao chegar a este estágio, você começará a desvelar os temas centrais que a maioria ou todos autores estão tentando expor. Tome nota desses temas.

8. Defina tópicos

Quando os autores têm pontos de vista opostos, essas diferenças constituem tópicos de discussão. Procure revelar diferentes pontos de vista, e você certamente enriquecerá seu conhecimento do assunto.

Nesta fase, você superlê e imerge para achar pontos relacionados com esses tópicos de discussão. Imagine-se como um repórter, numa sala com os autores. Formule as questões centrais a cada um.

Passe rápido de um livro a outro, respondendo uma questão de cada vez. Logo que encontrar a resposta num livro, deixe-o de lado e comece a folhear o livro seguinte.

9. Formule a sua própria visão

Ao descobrir os tópicos de discussão e explorar os vários pontos de vista, você começa automaticamente a sintetizar seu próprio ponto de vista. Procure ver todos os lados, e, no começo, tente não tomar partido. Faça um esforço deliberado para se manter objetivo e evite ser parcial em sua análise.

Após juntar bastante informação, estabeleça sua posição. Formule suas opiniões baseado na sua pesquisa.

10. Aplique

A maioria dos estudantes e das pesssoas que lêem por motivos profissionais já preencheram suas necessidades no final da fase anterior. Este é o ponto máximo do assunto em que estão interessados em chegar.

Quando você lê sintopicamente de três a cinco livros pode descobrir que um deles talvez seja digno de um estudo mais aprofundado. Se estiver interessado, use o sistema *"whole mind"* de FotoLeitura para completar sua investigação desse livro.

Para a pessoa que estiver escrevendo um trabalho universitário ou relatório profissional, há mais um passo importante. Após formalizar sua posição sobre o assunto, você precisa criar um argumento que sustente o seu ponto de vista, baseado em informação específica, obtida dos livros.

Ordene os tópicos-chave de maneira a lançar mais luz sobre o tema. Seja específico ao criar qualquer argumento para justificar sua posição. Sempre que mencionar a visão de um dos autores, faça-o acompanhada de uma citação literal do texto, referindo o número da página em que aparece.

Crie outro mapa mental do seu ponto de vista, antes de redigir o relatório. Isso poupa tempo e ajuda você a apresentar as suas idéias com clareza.

Quanto tempo você espera investir em leitura sintópica? No curso de FotoLeitura, damos apenas dois períodos de 45 minutos para ativação. Isso é tudo. Some o tempo gasto nos passos anteriores à aula, e poderá calcular o compromisso total.

O investimento antes da aula é de, aproximadamente, 10 a 15 minutos por livro, para selecionar, prever e FotoLer. Em classe, gastamos 90 minutos em dois exercícios separados para completar os passos restantes. No final, a maioria dos participantes reconhece ter conseguido entre 80 a 90% do que de fato querem e precisam.

A maioria dos FotoLeitores também descobre que basta apenas um dos livros para qualquer estudo complementar sobre o tema. Pode-se usar a leitura rápida para obter depressa a informação restante, de modo a sentir-se totalmente satisfeito. Dependendo do tema e do livro, é possível terminar tudo num espaço de 20 minutos a duas horas.

O poder cumulativo da leitura sintópica

Quando você examinar todos os autores relacionados na bibliografia deste livro, verá as fontes da minha leitura sintópica. Similarmente, o curso de FotoLeitura é produto de estudo de muitos autores e pesquisadores. Muitos aqui citados também mencionam outros tantos — chegando às vezes a uma centena de diferentes livros e artigos.

Toda vez que faz uma leitura sintópica, você recebe as energias mentais acumuladas de centenas de pensadores, com milhares e milhares de horas de trabalho e experiência para apoiá-lo na conquista de seu propósito. Ao sentir o poder de tudo isso é que você realmente pode compreender a emoção da leitura sintópica. E já que você escolhe uma combinação exclusiva de autores, não é difícil tropeçar em um ponto de vista totalmente novo, que jamais tenha sido considerado antes.

Um exemplo admirável nos é relatado por Patricia Danielson, acerca de um de seus alunos. Um médico de Bruxelas usava leitura sintópica no campo da homeopatia. A cada trimestre, inúmeros homeopatas da Europa se reúnem para compartilhar resultados de pesquisas. Ao preparar-se para uma apresentação, nosso aluno fez uma leitura sintópica e um mapa mental dos principais livros-texto de homeopatia. Ao olhar para seus mapas mentais, eles pareceram não fazer sentido. Ele os arquivou para revisão posterior.

Dois meses depois, pegou seus mapas mentais e colocou-os no chão à sua frente. Surpreendentemente, todos faziam o mais completo sentido. Na verdade, as idéias que estavam surgindo eram revolucionárias. Preparou rapidamente seu boletim e poucas semanas depois apresentou-o no congresso.

Os doutores presentes ao encontro ficaram estarrecidos com a percepção revelada por esse homem. Um deles comentou que, em vinte anos, jamais fizeram as conexões explicadas na palestra. Quando a assembléia indagou como nosso FotoLeitor pudera dar tais saltos qualitativos em sua forma de pensar, ele descreveu a FotoLeitura e a leitura sintópica. No curso seguinte de FotoLeitura, em Bruxelas, participaram sete dos médicos presentes no congresso.

Visualize o processo

Permita-se um momento para integrar os dez passos da leitura sintópica com uma rápida visualização. Pense num tema que você gostaria de estudar. Que propósito você deseja preencher? Imagine-se indo à biblioteca e selecionando uma dúzia de livros sobre o tema. Dê uma olhada rápida neles para determinar quais, três ou cinco, você trará para casa. Você sente que são estes os que atenderão ao seu propósito.

Imagine-se, nessa noite, prevendo e FotoLendo todos os livros. No dia seguinte você desperta ávido por continuar. Você cria um mapa mental gigante, afirmando claramente seu propósito e escrevendo a afirmação no centro do seu mapa mental.

Faça superleitura e imersão para descobrir passagens relevantes, e crie um mapa mental das mesmas. Ao notar padrões que se sobressaem, acrescente uma lista de seus próprios termos nas bordas do mapa, resumindo seus achados. Explore os tópicos abordados. Inclua-os no mapa mental, junto com pontos de vista significativos relacionados com as discordâncias entre os autores. Lembre-se, o seu objetivo não é desvendar os livros. O seu objetivo é cumprir seu propósito.

Sinta o poder cumulativo de toda esta informação. É como se os autores estivessem presentes, falando sobre seu propósito. Imagine-se aplicando a valiosa percepção adquirida, de modo extremamente significativo para você. Ao concluir sua visualização, vivencie a emoção da leitura sintópica.

Um grande empreendedor imobiliário era de fato um "self made man". Largou a escola no 1º colegial, e nem olhou para trás. Em seus 50 anos de vida, lera apenas três livros. Depois de aprender FotoLeitura, contou: "É maravilhoso. Li uma dúzia de livros nas últimas duas semanas, e estou adorando. O curso de FotoLeitura foi uma das experiências mais gostosas da minha vida". Uma das maiores mudanças em sua vida foi sua auto-estima em termos de aprendizagem. Durante muitos anos sempre se julgou incapaz de aprender. Através da FotoLeitura demonstrou ser capaz.

Dois amigos jogavam tênis há anos. Um deles fez o curso de FotoLeitura, e FotoLeu cinco livros sobre tênis. Seu jogo melhorou imediatamente, de forma tão significativa que deixou o outro atônito. Quando o segundo descobriu como se dera o milagre, inscreveu-se para o curso de FotoLeitura seguinte. O resultado final foi que seu jogo melhorou igualmente.

Através da FotoLeitura, um executivo, praticamente analfabeto em termos de computador ("Eu nem sei digitar!"), transformou-se num usuário contumaz de seu aparelho. Ele FotoLeu livros, revistas e manuais, afirmando: "Depois de um mês, de repente, percebi que essas máquinas estúpidas estavam começando a fazer sentido!".

12

Perguntas e respostas para o FotoLeitor iniciante

Aprender FotoLeitura não é simplesmente saber as técnicas e habilidades que compõem o sistema *"whole mind"* de Foto-Leitura. Este é apenas o início. Só depois de ter aprendido todo o sistema do livro é que você poderá desenvolver suas aptidões na vida real. É aí que poderão surgir muitas dúvidas.

Quando você utiliza uma técnica, recebe um *feedback*, uma resposta. Mesmo que não atinja sua meta, provavelmente receberá indicações do seu movimento em direção a ela. Estar atento ao *feedback* ajuda você a modificar sua abordagem, de modo a atingir o grau de maestria necessária.

Este capítulo explora muitas das questões dos FotoLeitores iniciantes em sua jornada rumo à maestria. Durante o próximo mês, consulte de vez em quando estas opiniões. Ao evoluir na sua prática, mais e mais proveito você terá com as respostas.

Como posso me livrar de crenças limitadoras?

Desde a oitava série escolar você é capaz de reconhecer palavras instantaneamente, sem ter que verbalizá-las. Você já tem bastante familiaridade com o especial arranjo de padrões visuais que chamamos de palavra escrita. Por que nos sentimos tão compelidos a verbalizar toda palavra? A aprendizagem da leitura instalou um conjunto de mecanismos de treinamento, que nunca foi abandonado. A FotoLeitura não só remove esses mecanismos, como também coloca dispositivos de última geração em seu lugar.

Ao aprender uma habilidade nova, certamente você confrontará anos de comportamento habitual estabelecido. É preciso ir com calma. Aprender pode ser frustrante, principalmente se você for vítima de seus pequenos demônios — os *gremlins*.

Eu chamo de *gremlins* os hábitos e crenças que sugam nosso poder, gerando sentimentos negativos e impedindo-nos de aprender. São criaturinhas inquietantes, segundo Richard Carson, em seu livro *Taming Your Gremlin*.

Como lidar com os *gremlins*? Se você tenta exterminá-los, diz Carson, eles ficam maiores. Em vez disso, brinque com eles. Mate-os de amor. Mais especificamente, recorra à formula "NABS": Note, Apodere-se, Brinque, Siga. Com "NABS" será mais fácil enfrentar qualquer frustração e não deixar que ela se torne um obstáculo para sua aprendizagem.

"N": **Note seus sentimentos.** Os sentimentos não são certos ou errados; eles simplesmente são.

"A": **Apodere-se da sua experiência.** Admita a sua frustração. Os problemas que reconhecemos abertamente são solucionáveis; os que negamos, continuam existindo.

Você pode recorrer a inúmeros pensamentos confortantes, sempre que se sentir frustrado com a aprendizagem. Dê uma versão nova para um velho ditado: Se, no começo, você não conseguir, então você é normal. Tente outra vez.

"B": **Brinque com a sua experiência.** Mergulhe no redemoinho e veja o que acontece. Entre mais fundo na sua confusão. Faça perguntas a você mesmo. No início, tudo isso pode gerar ainda mais confusão. Seja como as crianças — aprender é parte da vida.

"S": **Siga com ele.** Muitas vezes interpretamos o sentimento de frustração como sinal para desistir. Em vez disso, encare este sentimento como um convite para ir adiante. Se você o fizer, começará a produzir resultados novos a partir da leitura.

Com NABS na cabeça, aprender o sistema *"whole mind"* de FotoLeitura torna-se uma vivência delicada e agradável. É como a estrutura mental de um criança aprendendo a andar. Cair não é motivo de autoflagelação ou humilhação pública. É um sinal para levantar, fazer um ajuste na abordagem e tentar de novo. Usando a fórmula NABS, você pode ser o maior fã de você mesmo nessa jornada rumo à maestria.

*Qual é a atitude ideal a manter durante a aprendizagem do sistema "***whole mind***" de FotoLeitura?*

Quando se trata de FotoLeitura, uma das grandes armadilhas que encontramos é já sabermos ler. Temos certas noções sobre rapidez e níveis de compreensão aceitáveis. E aí vem a FotoLeitura e nos pede para mudar nossa abordagem dos problemas.

Somente um paradigma totalmente novo poderá ajudar-nos a superar as pressões da papelada e dos prazos. Às vezes, ouço comentários de FotoLeitores principiantes: "Isto redefine completamente o significado de ler".

É isso mesmo. De fato, uma nova definição de leitura leva-nos a um ponto em que podemos vislumbrar novas opções, um ponto chamado de "mente do principiante". Este conceito remonta à velha escola do zen-budismo. Shunruy Suzuki, um mestre zen, dizia: "Na mente do principiante existem muitas opções, mas na mente do conhecedor existem poucas". E acrescentava: "Precisamos ter a mente de um principiante, livre de possuir qualquer coisa, uma mente que sabe a constante mudança de tudo. Não existe nada em sua forma presente, a não ser momentaneamente..."

Os japoneses desenvolveram sua reputação de fabricar produtos de qualidade entre os anos 60 e 80. Esta virada foi respaldada por um contexto cultural que inclui as percepções do zen, aprendizagem contínua, rigoroso controle de qualidade e disposição de recomeçar totalmente do início quando os velhos métodos não servem mais.

Hoje em dia vivemos num mundo que exige de nós que nos tornemos principiantes sempre de novo, em face da impermanência, da contínua mudança e do caos. Reexaminar o que nos foi ensinado a respeito da leitura é apenas um exemplo da necessidade de uma "mente de principiante"; e o ritmo frenético das mudanças garante que veremos outras situações similares.

Não é preciso estudar zen ou entoar mantras para aprender FotoLeitura. Tanto a abordagem oriental quanto a ocidental relacionadas à aprendizagem são benéficas. Há lugar para o conhecedor e para as regras. E há também lugar para questionar tudo.

FotoLeitores têm ambas as atitudes. Nós respeitamos tanto a mente consciente quanto a não-consciente. A mente consciente define metas; a não-consciente encontra caminhos criativos para alcançá-las. Ao mesmo tempo que conservamos nossas habilidades de leitura atuais, ganhamos novas opções.

Usando a FotoLeitura, não só estabelecemos uma nova relação com a palavra impressa, como também descobrimos como reagir quando o mundo se transforma. Como um adulto com mente de principiante, você redescobrirá a alegria de um aprendizado contínuo.

Quanto tempo levará para aprender o sistema?

Acostumado a guiar automóveis, tive uma sensação ao mesmo tempo estranha e familiar quando aprendi a pilotar aviões. Um leitor que aprende FotoLeitura sente semelhanças e também diferenças radicais em relação à leitura comum. É preciso menos tempo para aprender o familiar, e mais tempo para aprender o estranho.

Há quatro etapas para aprender alguma coisa nova ou não usual. A duração da aprendizagem depende de como você se movimenta através dessas etapas. Posso ilustrar cada uma delas no caminho da FotoLeitura.

1. Na primeira etapa, você nota pilhas de material não lido e tem uma sensação de ansiedade em relação à informação. Mesmo assim, você não reconhece a origem do problema, e muito menos como responder a ele. Algo em sua vida está quebrado, mas você não sabe o que está precisando de conserto.

Neste nível, é comum sentir medo, às vezes associado com excitação pela possibilidade de resolver o problema. Este nível é denominado **Incompetência inconsciente.**

2. A seguir, você sente que os seus hábitos de leitura atuais não estão lhe servindo. Esses hábitos, na verdade, são uma fonte importante de ansiedade relativa à informação. Você aprende FotoLeitura e até experimenta algumas técnicas. Essas técnicas lhe parecem pouco familiares. Agora você sabe o que está quebrado, sabe o que fazer, mas ainda é incapaz de fazer. Este nível é denominado **Incompetência consciente.**

3. Esta terceira etapa representa um salto quântico. Você usa a FotoLeitura e tem a sensação de sucesso. Mesmo assim, as habilidades do sistema não estão totalmente integradas na sua vida. Você ainda precisa ficar se lembrando de usar a nova abordagem quando encontra material escrito. Este nível é denominado **Competência consciente.**

4. Finalmente, você entra no estágio da maestria. Agora a FotoLeitura lhe é tão familiar que você usa-a automaticamente. As técnicas tornam-se naturais como respirar. Você experimenta não só uma relação nova com a palavra impressa, mas uma nova qualidade de vida. Você reduz ou elimina as pilhas de material não lido e satisfaz continuamente ao seu propósito de ler. Este nível é denominado **Excelência.**

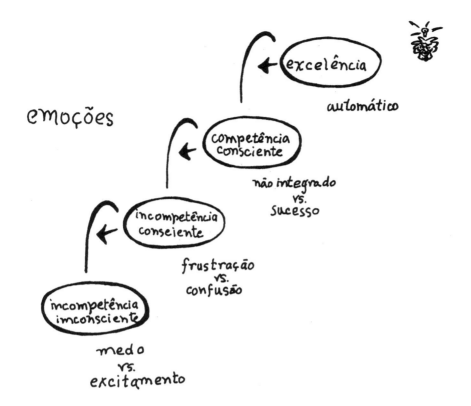

Aprender significa passar pela etapa de perceber conscientemente nossa incompetência — saber que não sabemos algo importante ou que carecemos de uma habilidade desejável. Não é de admirar que certas emoções freqüentemente acompanhem essa descoberta: confusão, frustração, medo e ansiedade.

A minha sugestão é simples: ame todas essas emoções. Não importa o que apareça na sua frente ao aprender FotoLeitura, abrace tudo. Nenhuma emoção que você possa experimentar está errada, e todos seus sentimentos servem a algum propósito. Confusão pode criar curiosidade. O caos pode conduzir à clareza.

Quando leciono FotoLeitura na Learning Strategies Corporation, adoro escutar as pessoas que estão passando por tais sentimentos. Quando as pessoas dizem que estão confusas, eu aplaudo. Quando dizem que estão frustradas, faço rapidamente o que posso para empurrá-las para a confusão. Por trás dessa loucura aparente há um *insight* básico: a confusão é um degrau que temos que subir no caminho da excelência. A confusão indica que as pessoas estão comprometidas com o ato de aprender.

Em contraste, abordar problemas com sensação de certeza e pouca vontade de abandonar velhas crenças, pode levar à frustração. Ficamos empacados num estado de impotência aprendida, um estado de não-saber. Esses dois caminhos podem ser resumidos no seguinte diagrama:

Infelizmente, nossas experiências educacionais freqüentemente nos conduzem por um caminho de frustração. No modelo educacional tradicional de leitura, confusão equivale a fracasso, e frustração equivale a incompetência. O resultado é que a aprendizagem cessa.

Quaisquer que sejam seus sentimentos, você pode ficar bem com eles enquanto aprende FotoLeitura. Não suprima nenhum estado emocional, nenhum grau de confusão. Você poderá se sentir tentado a comparar-se com outras pessoas: *Não estou fazendo direito. Todo mundo consegue, menos eu. Por quê? O que há de errado comigo?* Se você detectar esse tipo de pensamentos, traga-os plenamente para sua consciência e esteja disposto a livrar-se deles. Procure lembrar-se de que a competência consciente está a caminho.

Ler é uma atividade que atinge diretamente a auto-imagem. Nosso autoconceito muitas vezes está ligado ao sucesso em aprender, e muito da nossa experiência de aprender está ligada à leitura. Percebo que as pessoas têm muita facilidade em rotular-se de maus aprendizes; desta forma, é fácil sentir-se ineficaz. Tal frustração macula nossa auto-imagem.

A alternativa é aceitar os altos e baixos emocionais durante a aprendizagem, encarando-os como uma dança graciosa e natural. Se você tiver essa postura, estará encurtando seu caminho para a excelência.

Em que estado mental devo estar quando uso o sistema "whole mind" de FotoLeitura?

Pense naquelas ocasiões em que você esteve totalmente absorto na leitura. É importante explorar essas experiências com maior profundidade: nesses momentos, você se transformou num leitor hábil e poderoso — sem qualquer esforço.

Lembre-se de quando e como isso ocorreu. Talvez, você estivesse envolvido numa novela. Talvez estivesse "curtindo" uma carta de amor. Ou, quem sabe, solucionando o mistério de um assassinato. Em todo caso, ocorre algo curioso: ficamos desligados de todo resto à nossa volta. É como se as figuras, imagens e sentimentos internos fossem mais importantes do que o livro à nossa frente. Não se está mais lendo palavras — penetramos em outra realidade. O que se passa atrás dos olhos é muito mais importante do que está na frente deles.

É impressionante como as pessoas descrevem essas experiências numa linguagem similar. "Perdi toda noção de tempo e espaço." "Eu não tinha consciência das palavras na página." "Eu estava vendo um filme na minha cabeça." "Eu absorvi as palavras sem qualquer esforço." "As palavras fluíam da página para a minha mente."

Fluir — eis a palavra que melhor se encaixa. Esta palavra capta as características básicas da experiência: facilidade, fluência, ausência de esforço, absorção, concentração, suavidade, relaxamento, eficiência e produtividade aumentada.

Embora esta vivência possa soar como um estado alterado de consciência, ela nada tem de anormal. Os seres humanos conhecem a "experiência de fluir" há centenas de anos, tendo usado uma variedade de termos para descrevê-la. *O Tao te Ching*, um texto espiritual chinês, atribuído a Lao Tsé, fala da ação sem esforço, ou não-ação. O psicólogo Abraham Maslow falou sobre "experiências de pico", descrevendo-as de maneira semelhante. Um livro popular dos anos 70, *The Inner Game of Tennis*, explicava como atletas podiam cultivar estados de fluir. Ele foi seguido por obras semelhantes para outros esportes.

> Stephen Mitchell, um tradutor do Tao, descreve o estado de fluir: Um bom atleta consegue entrar num estado de consciência corporal onde o golpe (chute, cortada etc.) ou movimento certo acontece sozinho, sem esforço, sem nenhuma interferência da vontade consciente. Este é o paradigma da não-ação. O jogo joga o jogo; o poema escreve o poema; não podemos separar a dança do dançarino.

Recentemente, Mihaly Csikszentmihaly, um psicólogo da Universidade Chicago, revelou que experiências de fluir podem acontecer com qualquer um. Seus estudos sobre esse estado incluem clérigos, operários industriais, atletas, engenheiros e administradores de empresas. Ele afirma que os estados de fluir têm uma forte semelhança com outros fenômenos conhecidos: hipnose e meditação.

Ah, mas se bastasse ligar um botão para entrar no estado de fluir. Ficaríamos em estado de profunda atenção, livres de tensão ou esforço, trabalhando de forma ágil, rápida e eficiente. Ficaríamos relaxados, ativos, alertas, tudo ao mesmo tempo. Ler seria como a brisa: um fluxo fácil, tanto numa novela quanto em informações técnicas.

O sistema *"whole mind"* de FotoLeitura é esse botão. O estado de fluir é um direito seu, um direito de nascença, um dos seus potenciais como ser humano. Por meio da FotoLeitura, você tem a sorte de optar por essa experiência, em vez de deixá-la acontecer por sorte. Este estado não é um mero acaso, nem um tipo de experiência fora do corpo. Ao contrário, é um fato que ocorre naturalmente, e o segredo é torná-lo habitual durante a leitura.

O que a aprendizagem acelerada e a FotoLeitura têm em comum?

Quando criança, você utilizou naturalmente as estratégias da aprendizagem acelerada para realizar as monumentais tarefas de aprender a andar e a falar. Nada que possamos aprender enquanto adultos se compara a essas tarefas em complexidade.

As habilidades da aprendizagem acelerada ainda estão conosco desde a infância, obscurecidas pelo abuso, mau uso e desuso. Precisamos simplesmente reativar nosso domínio sobre elas, e aplicá-las na tarefa de ler. O sistema *"whole mind"* de Foto-Leitura provém em grande parte da aprendizagem acelerada, fazendo com que seja fácil e divertido aprender e usar.

Um dos mais conhecidos pesquisadores na área de aprendizagem acelerada é Georgi Lozanov, um psicólogo búlgaro. O Dr. Lozanov escreveu muitos trabalhos afirmando que mal chegamos a usar 10% da nossa capacidade cerebral. Ele e sua equipe de pesquisadores acreditam que podemos aprender sistematicamente a estimular nossas reservas mentais interiores — os outros 90%. Ele desenvolveu suas descobertas criando um sistema aplicado à aprendizagem.

O método de Lozanov permite que ambos os hemisférios do cérebro trabalhem juntos, como uma equipe bem orquestrada. Quando se consegue isso, a nossa capacidade de aprender cresce exponencialmente.

Lozanov afirma que podemos nos expor a vastas quantidades de informação, absorvê-la sem esforço e usá-la sempre que necessário. Essas são precisamente as habilidades de que precisamos para sobreviver nesta era de sobrecarga informativa e choque documental.

O núcleo dos métodos de aprendizagem de Lozanov inclui três fases: decodificação, concerto e ativação.

Decodificar é uma "ligeira passada" — uma olhada geral pelo material a ser aprendido.

Durante a sessão de concerto, as pessoas entram num estado de alerta relaxado, para uma exposição mais completa ao material. Esta informação, muitas vezes, é apresentada como uma estória ou peça teatral, acompanhada de música clássica.

Finalmente, ativa-se o material; ou seja, chama-se o material para a mente consciente de modo a aplicá-lo. Em vez de sessões estéreis de memorização automática, a ativação utiliza discussões em grupo, jogos, quadros cômicos e outros métodos não tradicionais.

Você enxerga a ligação? O "decodificação-concerto-ativação" de Lozanov é o nosso "prever-FotoLer-ativar". O sistema *"whole mind"* de FotoLeitura incorpora muitos aspectos dos métodos de Lozanov, assim como o curso de FotoLeitura.

Eu sei que me apóio demais em minha mente consciente racional. O que mais posso fazer?

No início da década de 80, Howard Gardner, um psicólogo de Harvard, desenvolveu um corpo de idéias que complementa-

Leia as bolinhas

vam perfeitamente as de Lozanov. Gardner afirmava que nossa escolaridade age basicamente sobre dois tipos de inteligência: as que envolvem linguagem e lógica. Ele concluiu, no entanto, que se tratava apenas de uma pequena parte do quadro total. Uma visão mais acurada da inteligência inclui todas as capacidades seguintes:

• Inteligência lingüística: a habilidade de descrever com destreza o mundo em palavras.

• Inteligência lógica-matemática: a habilidade de representar o mundo por símbolos numéricos e manipular esses símbolos de acordo com as regras da lógica.

• Inteligência musical: a habilidade de apreciar e utilizar a "linguagem" não-verbal da melodia, ritmo, harmonia e tonalidade.

• Inteligência espacial: a habilidade de perceber o mundo visual acuradamente e recriá-lo na mente ou no papel.

• Inteligência corporal-cinestética: a habilidade de usar o corpo com aptidão para auto-expressão ou como instrumento de aprendizagem.

• Inteligência interpessoal: a habilidade de perceber e compreender os sentimentos e desejos de outras pessoas.

• Inteligência intrapessoal: a habilidade de esclarecer valores pessoais e fazer descobertas significativas, estando só.

Lembre-se de alguma ocasião em que você tenha aprendido algo com perfeição. Considere quais dos sete tipos de inteligência você usou. Agora você já sabe como proceder para se superar na aprendizagem e pode fazer a mesma coisa sempre que quiser. Use a força que você já possui.

Imagine-se aplicando todos os sete tipos de inteligência, e mais a intuição. O sistema *"whole mind"* de FotoLeitura ajuda você a fazer exatamente isso. Todos os seus tipos de inteligência são convidados a participar do ato de ler. Neste sentido, FotoLeitura não é só um programa de leitura, mas um programa de aprendizagem; um conjunto de estratégias para se aprender alguma coisa. Qualquer coisa.

Como a ativação atua na mente não-consciente?

Segundo o Dr. Win Wenger, autor de *A Method for Personal Growth and Development*, a capacidade de armazenamento da mente interior excede a capacidade da mente consciente na proporção de dez bilhões para um. Essas são as reservas mentais às quais recorremos durante a ativação.

Um exemplo de ativação é o fenômeno da "ponta da língua", que freqüentemente ocorre quando se trata de lembrar nomes. Você conhece a situação: encontra um conhecido numa festa, mas o nome dele ou dela lhe escapa. Por um momento, você se esforça para lembrar. Isso estimula os circuitos neurais do cérebro. Então, alguns minutos depois, o nome subitamente aparece na sua cabeça, quando você já está conversando despreocupadamente com outra pessoa. Seu cérebro gerou o nome baseado na estimulação de trajetos neurais estabelecidos quando você foi apresentado àquela pessoa.

A ativação também pode ocorrer em grande escala. Um escritor que conheço pratica meditação, que é outra forma de penetrar no estado de alerta relaxado que cultivamos na FotoLeitura. Diz ele que algumas de suas melhores idéias surgem durante os períodos de meditação, especialmente quando ele está se debatendo com o conteúdo ou com a estrutura do manuscrito. Freqüentemente, esboços de livros inteiros surgem dessa maneira.

Artistas de todos os tipos descrevem eventos similares. Aaron Copland, o renomado compositor americano, disse que escrever música começa com a transcrição de temas que brotam espontaneamente vindas de dentro. Em suas palavras:

> O compositor começa com seu tema; e o tema é uma dádiva do Céu. Ele não sabe de onde vem — não tem controle sobre o tema. É quase como escrita automática. É por isso que o compositor mantém um caderno por perto e anota os temas assim que eles surgem.

Nós não precisamos ser grandes compositores ou escritores para recorrer às reservas profundas e criativas. Necessitamos de um alerta relaxado, junto com uma gentil solicitação das idéias que buscamos na mente consciente.

Isto tem implicações profundas. O segredo é simplesmente não atrapalhar e deixar a FotoLeitura acontecer.

O esforço ajuda a aprender?

A FotoLeitura pode parecer um monte de paradoxos, e de fato é. Pense no que estou sugerindo: para conseguir mais a partir da leitura, gaste menos tempo com ela; para obter mais informação, não se preocupe com a compreensão consciente; pa-

135

ra se sair bem (na leitura), deixe de se esforçar tanto e comece a brincar; e, para conseguir o que deseja, abandone sua necessidade de resultados.

Durante um dos cursos, conheci uma mulher que entendeu isso perfeitamente. Logo depois que começamos a FotoLer livros, seu índice de respostas corretas em testes de compreensão subiu para a casa dos 90% e ali estacionou. Perguntei-lhe o que tinha acontecido. "Simplesmente decidi que não tenho nada a provar. Se as técnicas funcionam, tudo bem. Se não funcionam, tudo bem. Para mim o importante é apenas experienciar uma nova abordagem de leitura."

Onde quer que eu ensine FotoLeitura, encontro as mesmas atitudes de FotoLeitores bem-sucedidos. Pessoas que "se esforçam para se sair bem" em geral se sobrecarregam de responsabilidade. De imediato, sentem uma obrigação pessoal de provar ou negar o sistema de leitura *"whole mind"*. É como querer fazer o exame final de cálculo antes de aprender a somar — e depois reclamar que é fraco em matemática.

Você não precisa acreditar em tudo acerca da FotoLeitura, logo de início. É bom ter um pouco de ceticismo a respeito da técnica. Por mais que os outros façam comentários positivos, nada pode substituir os resultados que você mesmo pode produzir. Esteja disposto a fazer um julgamento justo e mantenha-se aberto para agradáveis surpresas. Uma das exigências para o sucesso é ter a mente aberta.

Eu incentivo as pessoas a se sentirem à vontade na experiência de FotoLer — brincar, abraçar a confusão e domar os *gremlins*. Ironicamente, quando paramos de nos esforçar é que nossa intuição floresce e reacendemos nossa habilidade de aprender. Quando esquecemos sucesso e fracasso, começamos a ter o que queremos.

Quando atingirei os níveis de compreensão de que necessito?

Lembre-se de que o sistema *"whole mind"* de FotoLeitura baseia-se em passadas múltiplas pelo mesmo material. Inicialmente nós prevemos. O prever pode ser seguido, conforme escolha nossa, por FotoLer, superler, imergir e fazer uma leitura rápida.

A compreensão vem em camadas. Prever nos dá um senso de estrutura. Por meio dos passos restantes do sistema, erguemos a construção sobre as fundações, adquirindo um nível de compreensão consistente com nosso propósito. Esta abordagem nos deixa livres.

> Note.
> Apodere-se.
> Brinque.
> Siga.

Talvez isso provoque a sensação de que a compreensão plena fica adiada — que você não está conseguindo as "vantagens" da leitura tão depressa quanto esperava. Sugiro que você receba este sentimento com a fórmula NABS e descubra o que vem à tona.

Por exemplo, durante seu programa de doutoramento, um FotoLeitor cursou uma matéria em que teve que ler cerca de 20.000 páginas. A maioria dos alunos do curso demora de seis a nove meses para terminar o material de leitura e escrever os trabalhos de encerramento. Durante uma semana inteira, nosso amigo previu e FotoLeu. Na semana seguinte, ao tentar ativar os livros e escrever o trabalho, descobriu que nada lhe ocorria. Frustrado, abandonou tudo, sentindo que tinha perdido uma semana.

Na semana seguinte, ele entrou na *mente do principiante*. Passou a ativar os livros, estarrecido com o fato de tudo fazer sentido. Sua redação fluiu e tirou "A" no trabalho de encerramento. Seu investimento total foi de apenas três semanas desde o momento que começou.

Será que a segunda semana, a semana de ativação, foi perda de tempo? Ou foi o período de incubação e sintonia fina necessário para alcançar o resultado final?

Um aluno de FotoLeitura descreveu sua experiência dessa maneira:

"Percebi que, usando o sistema "*whole mind*", na verdade estou ganhando tempo para fazer coisas novas com a minha leitura. No começo, naturalmente, resisti. Eu podia simplesmente começar a ler e ir absorvendo no decorrer da leitura. Ou podia usar esse novo sistema — dedicando um tempo para prever e FotoLer antes de ativar minha compreensão. A minha resposta espontânea foi: 'Por quê? Por que não ir lendo e pronto?'."

"Durante anos tenho dito aos meus filhos que é preciso investir um pouquinho mais na curva ascendente de aprendizagem, antes de se sentir recompensado. Quando você vai à escola, não é da informação que você precisa. Na realidade, você aprende a aprender; assim, quando entrar no mundo real, será capaz de conseguir o que deseja na vida. Eu vivia dando este conselho, mas eu mesmo não o seguia!"

"Logo descobri que os poucos minutos investidos a mais pagavam dividendos enormes. Pude economizar horas de leitura de relatórios, dedicando cinco minutos para prever e FotoLer. Passei a economizar de 10 a 18 horas, ou mais, em livros que consumiam 20 horas de leitura do jeito antigo."

Leia as
bolinhas

Em suma, este capítulo ajudou você a aprender o seguinte:

• A fórmula NABS — note, apodere-se, brinque, siga — ajuda a superar hábitos frustrantes que impedem a aprendizagem.

• A mente do principiante é o contexto mental perfeito a ser mantido durante o sistema *"whole mind"* de FotoLeitura.

• Há quatro níveis através dos quais você tem que progredir ao aprender uma prática nova.

• Confusão é uma experiência apropriada durante qualquer processo de aprendizagem.

• O sistema *"whole mind"* de FotoLeitura utiliza estados de fluir da consciência.

• O sistema de aprendizagem acelerada do Dr. Lozanov é um modelo para o sistema *"whole mind"* de FotoLeitura.

• Nós usamos todos os sete tipos de inteligência descritos pelo Dr. Gardner, de modo a tornar sua leitura multidimensional e mais proveitosa.

• Os dados dos arquivos não-conscientes que acessamos ao FotoLer superam os arquivos da mente consciente na proporção de dez bilhões para um.

• A meta da compreensão é alcançada em camadas. Por mais paradoxal que possa parecer, para atingir sua meta, você precisa abandoná-la.

O sistema *"whole mind"* de FotoLeitura funciona. Você precisa usá-lo para experimentar os benefícios em sua própria vida. Para tanto, é preciso saber apenas mais um segredo...

13

O segredo do sistema *"whole mind"* de FotoLeitura

O verdadeiro segredo de FotoLer 25.000 palavras por minuto é que você já possui essa habilidade. O seu cérebro já tem os circuitos para a genialidade. Redescubra sua genialidade natural, brinque com ela e deixe que ela se torne parte do seu cotidiano.

Procure encorajar-se ativamente. Você descobrirá que tem habilidades que vão muito além da FotoLeitura.

Um chamado para leitura ativa

Tenho o privilégio de ter estudado os mais exímios aprendizes do mundo: os bebês. Os bebês são ativos, cheios de propósitos, dirigidos a metas definidas, aprendizes insaciáveis. Durante doze anos, minha esposa e eu observamos nossos três filhos se envolverem no universo físico e mental. A sua avidez de dar sentido à vida é imensa.

Embora nossos três meninos tenham deixado há muito de ser bebês, ainda exploram ativamente o seu mundo. Aprendizagem é atividade; atividade é o combustível do gênio. Nossa genialidade some quando a passividade toma conta.

A televisão nos ensina a ser passivos. Ela nos diz para esperar: tudo que queremos virá a nós — logo após o comercial. Se a leitura se torna passiva, a genialidade fica sufocada.

Independente do tipo de leitura a que você se dedica, permaneça ativo. Quanto mais ativo você for, mais fluente será sua leitura e mais efetivo você será em alcançar os resultados que deseja. Leitores fluentes mantêm alto grau de foco, lendo com propósito definido e formulando perguntas ao autor durante a leitura. Concentração, a essência da leitura ativa, não é exatamente disciplina, e sim atitude.

Perceba que você está lendo por opção, e que você mesmo quer atribuir valor à leitura. A opção faz a diferença, na facilidade para atingir nosso objetivo. A escolha pode ser um desejo de obter novas informações e habilidades, avaliar idéias ou simplesmente relaxar. Quanto você opta conscientemente por ler, está envolvendo a sua capacidade mental plena.

Ao escrever estas palavras, penso em Georgi Lozanov, o avô da aprendizagem acelerada. No início de sua carreira, Lozanov acreditava que o propósito de seus métodos era eliminar o medo da sala de aula e aumentar a sugestionabilidade das pessoas, isto é, sua capacidade para receber informação no nível não-consciente. Com o correr dos anos, seu pensamento mudou e sua meta suprema tornou-se oferecer mais escolhas às pessoas que se propõem a aprender.

Este é precisamente o meu alvo na leitura. Meu objetivo neste livro foi apresentar um novo paradigma de leitura, acompanhado de um conjunto de ferramentas destinadas a maximizar suas escolhas ao interagir com a página impressa.

Faça do sistema *"whole mind"* de FotoLeitura o seu aliado, tornando-se um leitor mais ativo, determinado e exigente. Leia com velocidade e eficiência. Aproveite a oportunidade para ampliar seu entendimento além dos limites atuais. Acima de tudo, use o potencial pleno da sua mente para conquistar suas metas pessoais e profissionais, e descubra uma alegria perene nesse processo. Você é capaz!

Um cenário novo, uma reflexão de encerramento

Você se lembra do cenário escolhido do Capítulo 2? Voltemos a ele por um momento. Desfrute a parte que desejar.

Você começa cada dia de trabalho com a informação necessária para tomar as decisões adequadas no momento certo. As pilhas não lidas de correspondência, memorandos, relatórios, manuais e revistas especializadas desapareceram. A leitura dos relatórios técnicos, tarefa que costumava consumir horas do seu tempo, agora não requer mais do que 15 minutos por documento. Sua mesa está limpa. Você está com tudo em dia.

Essa mesma característica se estende para sua vida doméstica. Você deixou de viver atulhado. Sumiram as pilhas de livros, revistas, cartas e jornais espalhados pela casa. Você leva de 10 a 15 minutos para se pôr em dia com as últimas notícias. Agora você encontra tempo para as novelas, revistas e outras leituras que lhe dão prazer, sem ter que se preocupar em casa com as exigências do trabalho.

A sua avançada capacidade de leitura elimina velhos receios de voltar a estudar. Você faz curso de pós-graduação, cursos de treinamento para promoções, aprende novas habilidades, expande seu conhecimento e satisfaz sua curiosidade geral. Você dá uma olhada nos prospectos de um curso e sabe que pode manter-se adiante de suas exigências de leitura, e ter um desempenho excelente. Muitas vezes, você consegue completar a leitura de um semestre inteiro de um curso universitário durante a semana em que comprou os livros. Durante o semestre, os trabalhos que exigem leitura parecem uma revisão de algo que você já sabe. A leitura de meia dúzia de livros-base dos trabalhos não leva mais do que uma ou duas horas.

Toda a sua experiência de leitura mudou. Sempre que lê, faz isso com uma sensação de relaxamento e ausência de esforço. Os conceitos fundamentais e detalhes básicos do que você leu são imediatamente acessíveis. Sua conversa ficou mais articulada, sua redação mais fluente e persuasiva. Você sente que é mais fácil obter aprovação para suas propostas, porque suas sugestões são apoiadas em evidências sólidas. Outras pessoas comentam a amplitude da sua leitura e a profundidade de seu conhecimento sobre os assuntos.

E, o melhor, você completa seus compromissos de leitura com tempo de sobra. Você pode absorver vários livros no tempo que antes levava para ler só um. Você pode extrair de revistas inteiras aquilo que quiser, no tempo que antes era necessário para ler um único artigo. Num simples sentar-se à mesa, você elimina pilhas de material "a ser lido". E, com o tempo adicional que você ganha, consegue executar consistentemente suas tarefas prioritárias. E nesse processo você também ganha tempo livre para seu lazer.

Ao abraçar essa possibilidade, desfrute a experiência. Qual é o seu compromisso agora? Que passo você pode dar nas próximas 24 horas para tornar esssse cenário mais real para você?

Peter Singe, em seu livro *The Fifth Discipline*, nos dá um resumo perfeito:

> O processo de aprendizagem da criança fornece uma bela metáfora para o desafio de aprendizagem que todos nós en-

frentamos: expandir continuamente nossa consciência e compreensão, enxergar mais e mais as interdependências entre nossas ações e nossa realidade, enxergar cada vez mais a forma como estamos ligados ao mundo à nossa volta.

É provável que nunca possamos perceber plenamente as múltiplas maneiras como influenciamos nossa realidade. Mas o simples fato de estar aberto a essa possibilidade é suficiente para libertar nosso pensamento.

A mudança é algo tão inevitável em nossa vida quanto no mundo que nos cerca. A FotoLeitura, um catalisador do crescimento pessoal, libera nosso pensamento e expande nossa consciência para lidar efetivamente com a mudança. Com as habilidades do sistema *"whole mind"* de FotoLeitura, as pessoas que o utilizam ajustam-se às mudanças na escola, local de trabalho, profissão, sociedade, nação, comunidade global e planeta.

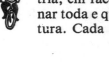
Com a FotoLeitura, você pode buscar ativamente a maestria, em face da mudança — por opção. Opte agora por dominar toda e qualquer parte do sistema *"whole mind"* de FotoLeitura. Cada ação conduz à excelência pessoal.

Guia rápido de referência

Os passos do sistema *"whole mind"* de FotoLeitura

Uma das máximas deste livro é que não devemos pensar em ter uma "hora de prática" para treinar o sistema *"whole mind"* de FotoLeitura. Em vez disso, devemos usá-lo.

Para reforçar o que foi aprendido, escolha outro livro que você queira ler e aplique cada um dos passos relacionados a seguir. Quanto antes você o fizer, melhor. Se puder, faça agora; senão, determine agora uma hora para isso nos próximos três dias.

Utilize este guia sempre que precisar de um refresco para sua memória.

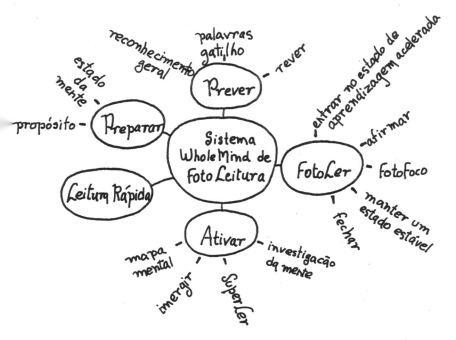

Passo 1: Preparar
Afirme claramente seu propósito de leitura.

Entre no estado mental ideal para aprender. É o estado de alerta relaxado.

Passo 2: Prever
Faça um reconhecimento geral do material.

Destaque as palavras-gatilho desse material.

Reveja a informação selecionada e estabeleça sua meta para prosseguir.

Passo 3: FotoLer
Prepare-se para FotoLer.

Entre no estado de aprendizagem acelerada.

Afirme suas habilidades pessoais e a meta que será conquistada com a leitura desses materiais.

Entre no estado de FotoFoco adotando um ponto fixo de consciência (técnica da tangerina) e da "página-blip".

Conserve um estado estável virando as páginas e recitando. Mantenha a respiração regular e profunda.

Ao fazer o fechamento, afirme o impacto que a informação teve e sua capacidade de ativá-la.

Passo 4: Ativar
O ideal é aguardar alguns minutos ou uma noite inteira após prever e FotoLer, e antes de ativar. Este é o período de incubação.

Investigue sua mente. Faça-se perguntas sobre o material FotoLido. Isso detona a ativação.

Superleia os trechos pelos quais você se sente atraído. Mova os olhos rapidamente através do centro da página para fazer surgir grandes blocos do texto na mente consciente.

Imerja no texto, para ler passagens selecionadas e responder perguntas específicas que você se formulou.

O estado mental ideal para ativação é estar atento às pistas sutis na periferia da sua consciência.

Crie um mapa mental fazendo um diagrama das idéias-chave extraídas do material escrito.

Explore outras formas de ativação, inclusive sonhos e discussões em grupo, utilizando múltiplos tipos de inteligência.

Passo 5: Leitura Rápida
Passe depressa pelo texto, lendo à vontade do começo ao fim, sem parar. Leve quanto tempo quiser. Varie a velocidade de leitura de acordo com a complexidade e importância do material.

Leitura Sintópica
1. Estabeleça um propósito.
O primeiro passo ativo da leitura sintópica *"whole mind"* é afirmar um propósito que tenha significado e valor para você.
2. Escolha uma bibliografia.
O segundo passo ativo é escolher uma bibliografia: uma lista de livros que você planeja ler. Preveja seus livros para decidir se eles correspondem ao seu propósito.
3. FotoLeia todo o material 24 horas antes de ativá-lo.
A mente precisa de um tempo de incubação para criar novas conexões. FotoLeia seus livros escolhidos 24 horas antes do que você planeja ativá-los.
4. Crie um mapa mental gigante.
Tenha à mão os livros, uma folha grande de papel e alguns lápis coloridos para mapeamento mental. Utilize o mapa mental para fazer anotações durante os passos restantes da leitura sintópica.
5. Encontre passagens relevantes.
Superleia e imerja através de cada livro, no sentido de achar passagens relevantes para o seu propósito.
6. Faça um resumo com suas próprias palavras.
Recue e olhe para todas as passagens anotadas no seu mapa mental. Faça um breve resumo do material usando a sua própria terminologia.
7. Descubra temas comuns.
Procure semelhanças e diferenças entre as visões dos diversos autores. Quais são os temas predominantes a que todos os autores parecem se referir. Anote-os.

8. Defina os tópicos de discussão.

Pontos de vista conflitantes entre os autores são os tópicos-chave sobre o seu assunto. A compreensão desses pontos de conflito faz crescer muito seu conhecimento da matéria. Superleia e imerja para encontrar pontos básicos relacionados com esses tópicos.

9. Formule a sua própria visão.

Ao descobrir os tópicos de discussão, você começa a sintetizar o seu próprio ponto de vista. O leitor sintópico hábil enxerga todos os lados e, no início, não toma partido. Após reunir informação suficiente, formule sua própria posição.

10. Aplique.

Segundo suas próprias necessidades, aplique o conhecimento adquirido.

Bibliografia

ADLER, Mortimer J., e VAN DOREN, Charles. *How to Read A Book*. Nova York. Simon & Schuster, 1972.

BENNET, J. Michael. *Efficient Reading for Managers*. AMA Extension Institute, 1981.

BARKER, J. *Future Edge: Discovering the New Paradigms of Sucess*. Nova York. William Morrow & Company, Inc., 1992.

BERG, H. *Super Reading Secrets*. Nova York. Warner Books, Inc., 1992.

BIEDA, Margaret R., e WOODWARD, Vinola S. *Realizing Reading Potential*. Chicago. Holt, Rinehart and Winston Inc., 1971.

BRUNER, J. *The Process of Education*. Harvard University Press, 1961.

BUZAN, T. *Make the Most of Your Mind*. Nova York. Simon & Schuster, 1984.

BUZAN, T. *Use Both Sides of Your Brain*. Nova York. E. P. Dutton, 1976.

CARSON, R. *Taming Your Gremlin*. Nova York. Harper Perennial, 1983.

CASKEY, O., e FLAKE, M. *Suggestive-Accelerative Learning: Adaptions of the Lozanov Method*. Texas Tech. University, 1976.

CASKEY, O. L. *Suggestive-Accelarative Learning and Teaching*. Englewood Cliffs, NJ. Educational Technology Publications, 1980.

CHEEK, Earl H. Jr., e COLLINS, Martha D. *Strategies for Reading Success*. Columbus. Charles E. Merrill Publishing Company, 1985.

CLARK, B. *Optimizing Learning: The Integrative Education Model in the Classroom*. Columbus. Merril, 1986.

COHEN, Elaine Landau, e POPPINO, Mary A. *Reading Faster for Ideas*. Chicago. Holt, Rinehart and Winston Inc., 1984.

COVEY, S. *The Seven Habits of Highly Effective People: Restoring the Character Ethic*. Nova York. Simon e Schuster, 1989.

CSIKSZENTMIHALYI, M. *Flow: The Psychology of Optimal Experience*. Nova York. Harper & Row Publishers, 1990.

CUDNEY, M., e HARDY, R. *Self-Defeating Behaviors. Free Yourself from the Habits, Compulsions, Feelings and Attitudes That Hold You Back*. Nova York. Harper Collins Publishers, 1991.

DIAMOND, Marian Cleves. *Enriching Heredity*. Nova York. The Free Press, 1988.

DIXON, N. F. *Preconscious Processing*. Chichester.Wiley, 1981.

DIXON, N. F. *Subliminal Perception: The Nature of a Controversy*. Nova York. McGraw-Hill, 1971.

DOMAN, Glenn. *How to Teach Your Baby to Read*. Garden City.Dolphin Books, 1975.

DONOVAN, R., e WONER, J. *Whole-Brain Thinking*. Nova York. Morrow, 1984.

DUDLEY, Geoffrey A. *Rapid Reading*. Northamptonshire. Thorsoms Publishers, Ltd., 1977.

EDWARDS, Betty. *Drawing on the Right Side of the Brain*. Los Angeles, Califórnia, J.P. Tarcher, 1979.

ELLIS, D. *Becoming a Master Student*. Rapid City, SD. College Survival, Inc., 1985.

FADER, Daniel N., e MCNEIL, Elton B. *Hooked on Books: Program & Proof*. Nova York. Berkley Medallion Book, 1968.

FERGUSON, M. "Dyslexia could be caused by roving 'orientation point'." *Brain/Mind Bulletin*, Vol. 9, n? 14. 1984.

FINKEL, R. *The Brain Booster*. Englewood Cliffs, NJ. Prentice-Hall, 1983.

FISHER, Dennis F., e PETERS, Charles W. *Comprehension and the Competent Reader, Inter-Specialty Perspectives*. Nova York. Praeger Publishers, 1981.

FLESH, Rudolf. *Why Johnny Still Can't Read*. Nova York. Harper Colophon Books, 1981.

FUNK, Wildred, e LEWIS, Norman. *30 Days to a More Powerful Vocabulary*. Nova York. Washington Square Press, Inc., 1942.

GARDNER, Howard. *Frames of Mind: The Theory of Multiple Intelligences*. Nova York. Basic Books, 1983.

GLASSER, William. *Schools Without Failure*. Nova York. Harper & Row, 1969.

HAMPDEN-TURNER, C. *Maps of the Mind*. Chicago. Macmillan, 1981.

JENSEN, E. *Super Teaching: Master Strategies for Building Student Success*. Del Mar, CA. Turning Point for Teachers, 1988.

JEWELL, Margaret G., e ZINTZ, Miles V. *Learning to Read Naturally*. Dubuque, Iowa. Kendall/Hunt Publishing Co., 1986.

KLINE, Peter. *The Everyday Genius: Restoring Children's Natural Joy of Learning*. Arlington, VA. Great Ocean Publishers, 1988.

KUMP, Peter. *Breaktrough Rapid Reading*. Weste Nyack. Parker Publishing Co., Inc., 1979.

LABERGE, S. *Lucid Dreaming*. Los Angeles, CA. J.P. Tarcher, 1985.

LABERGE, S., e RHEINGOLD, H. *Exploring the World of Lucid Dreaming*. Nova York. Ballantine Books, 1990.

LAKEIN, A. *How To Get Control of Your Time and Your Life*. Nova York. Signet, 1973.

LEAHEY, T.A., e HARRIS, R. J. *Human Learning*. Englewood Cliffs, NJ. Prentice-Hall, 1985.

Learning Strategies, editado por O'Neil, H.F. Nova York. Academic Press, 1978.

LORAYNE, Harry, e LUCAS, Jerry. *The Memory Book*. Nova York. Ballantine Books, 1975.

LOZANOV, G. *Suggestology and Outlines of Suggestopedy*. Nova York. Gordon and Breach, 1978.

LOZANOV, G. *Suggestion in Psychology and Education*. Nova York. Gordon and Breach, 1978.

MARES, Colin. *Rapid and Efficient Reading*. Nova York. Emerson Books, Inc., 1967.

MCCARTHY, M. *Mastering the Information Age*. Los Angeles, CA. J.P. Tarcher, 1991.

MOREHOUSE, L., e GROSS, L. *Maximum Performance*. Nova York. Simon & Schuster, 1977.

National Academy of Education. *Becoming a Nation of Readers: The Report of the Commission on Reading*. Washington, D.C.U.S. Department of Education, 1984.

NOVAK, J. D., e GOWIN, D. B. *Learning How to Learn*. Nova York. Cambridge University Press, 1984.

NOVATO, CA. Academic Therapy Publications, 1980.

OSTRANDER, S., e SCHROEDER, L. *Super Learning*. Nova York, Delacorte Press, 1979.

PAUK, Walter, e WILSON, Josephine. *Reading for Facts*. Nova York. David McKay Co., Inc., 1974.

PERFETTI, Charles A. *Reading Ability*. Nova York. Oxford University Press, 1985.

PETERSON, Lloyd R. *Learning*. Glenview, IL. Scott, Foresman and Company, 1975.

PRICHARD, A., e TAYLOR, J. *Accelerating Learning: The Use of Suggestion in the Classroom*.

RAYGOR, Alton L. *Reading for the Main Idea, 2nd Ed*. Nova York. McGraw-Hill Book Co. 1979.

RAYGOR, Alton L., e WARK, David M. *Systems for Study*. Nova York. McGraw-Hill Book Company, 1970.

REESE, M., REESE, E., VAN NAGEL, C., e Siudzinski, R. *Megateaching and Learning: Neuro-Linguistic Programming Applied to Education*. Southern Institute Press, Inc. 1985.

RICHARDSON, Glenn E. *Education Imagery*. Charles C. Thomas Publishing Co., 1983.

RICO, Gabrielle L. *Writing the Natural Way: Using Right-Brain Techniques to Release Your Experience Powers*. Los Angeles. J. P. Tarcher, 1983.

ROSENTHAL, Robert, e JACOBSON, Lenore. *Pygmalion in the Classroom*. Nova York. Holt, Rinehart and Winston, 1968.

RUBIN, Dorothy. *Reading and Learning Power, 2nd Ed*. Nova York. Macmillan Publishing Co., 1985.

SCHAIL, William S. *Seven Days to Faster Reading*. No Hollywood. Ca. Wilshire Book Company, 1976.

SHUSTER, D. H., BORDON, R. B., e GRITTON, C. E. *Suggestion-Accelerative Learning and Teaching: A Manual of Classroom Procedures Based on the Lozanov Method*. Ames, IA: Box 1316, Welch Station, ED-136566.

SCHUSTER, D. H., e GRITTON, C. *Suggestive Accelerative Learning Techniques*. Nova York. Gordon and Breach Science Publishers, 1986.

SENGE, P. *The Fifth Discipline*. Nova York, Doubleday, 1990.

SHER, B. *Teamworks!* Nova York. Warner Books, 1989.

SHERBOURNE, Julia Florence. *Toward Reading Comprehension, 2nd Ed.* Lexington, Massachysetts. D. C. Heath and Co., 1977.

SLAVIN, Robert E. *Cooperative Learning.* Washington, D. C. National Education Association, 1982.

SMITH, Frank. *Reading Without Nonsense.* Columbia University, Nova York. Teachers College Press, 1979.

SMITH, Frank. *Writing and the Writer.* Nova York. Holt, Rinehart and Winston, 1982.

SPARKS, J. E., e JOHNSON, Carl E. *Reading for Power and Flexibility.* Beverly Hills. Glencoe Press, 1970.

STAUFFER, Russell. *Teaching Reading as a Thinking Process.* Nova York. Harper & Row, 1969.

SUZUKI, S. *Zen Mind, Beginner's Mind.* Nova York. John Weatherhill, Inc., 1970.

TWING, James E. *Reading and Thinking: A Process Approach.* Chicago, Illinois. Holt, Rinehart and Winston, Inc., 1985.

VERNY, Thomas. *The Secret Life of the Unborn Child.* Nova York. Summit, 1981.

VYGOTSKY, Lev. *Thought and Language.* Cambridge. MIT Press, 1962.

WAINWRIGHT, Gordon R. *How to Read for Speed and Comprehension.* Englewood Cliffs, NJ. Prentice Hall, Inc. 1977.

WALCUTT, Charles Child, LAMPORT, Joan, e MCCRACKEN, Glenn. *Teaching Reading.* Nova York. Macmillan Publishing Co., Inc., 1974.

WALDMAN, John. *Reading with Speed and Confidence.* Nova York. Random House, Inc., 1972.

WATZLAWICK, P. *Ultra-Solutions: Or How to Fail Most Sucessfully.* Nova York, W.W. Norton & Company, 1988.

WENGER, W. *A Method for Personal Growth and Development.* Gaithersburg, MD. Project Renaissance, 1990.

WILLIAMS, L. V. *Teaching for the Two-Sided Mind: A Guide to Right Brain / Left Brain Education.* Englewood Cliffs, NJ. Prentice-Hall, 1983.

WOLINSKY, S. *Trances People Live: Healing Approaches in Quantum Psychology.* Falls Village, CT. The Bramble Company, 1991.

WURMAN, Richard Saul. *Information Anxiety.* Nova York. Doubleday, 1989.

WYCOFF, J. *Mind Mapping.* Nova York. Berkley Books, 1991.

YOUNG, Morris N., e YOUNG, Chelsley V. *How to Read Faster and Remember More.* West Nyack. Parker Publishing Co., Inc., 1965.

Sobre o autor

Paul R. Scheele, MA, co-fundador da Learning Strategies Corporation, é o principal responsável pelo desenvolvimento do sistema *"whole mind"* de FotoLeitura.

Sua formação concentrou-se na aprendizagem de adultos, psicologia, biologia, neurolingüística, programação, aprendizagem acelerada e cinesiologia educacional. Tirou seu bacharelado em Ciências na Universidade de Minnesota e o mestrado em Artes na St. Thomas University.

É também o criador das fitas de áudio Paraliminares e de Celebração Pessoal (*Paraliminal Tapes* e *Personal Celebration Tapes*). Esses programas de áudio empregam avançada tecnologia de gravação, de modo a acessar todo o cérebro e intensificar o desempenho pessoal. As fitas Paraliminares são encontradas facilmente, através de diversas empresas.

Paul é conferencista e consultor na área de desenvolvimento de recursos humanos.

Ele vive com sua esposa Libby e seus três filhos, Ben, John e Scott, num subúrbio de Minneapolis, Minnesota.

Pode ser contactado por carta, bastando escrever para Learning Strategies Corporation, 900 East Wayzata Boulevard, Wayzata, Minnesota, 55391-1836.

Paul dedica este trabalho carinhosamente à sua família.
A paixão de todos eles pela leitura e o prazer de viver
constituem fonte diária de inspiração e motivação.

www.gruposummus.com.br

IMPRESSO NA
sumago gráfica editorial ltda
rua itauna, 789   vila maria
02111-031   são paulo sp
telefax 11 **6955 5636**
sumago@terra.com.br